역적

당신도 모르는 사이에

치매 환자가 현실을 점점 잊게 되는 것 같은 대한민국의 지금

    학군장교 후보생 시절을 포함한 지난 26년간 군인으로 살아오면서 나를 비롯하여 우리나라 군인들은 "자유 대한민국을 수호하기 위해 과연 바른길로 가고 있는가?"라는 생각을 많이 해보게 되었다. 지난해 말 군문을 떠나면서 그동안의 생각들을 하나하나 정리하며 대한민국 국군이 바로 섰으면 하는 바람과 우리 자유 대한민국의 국가 안보가 더욱더 확고해지기를 갈망하는 바람으로 이 글을 쓰게 되었다.

    나는 대한민국 군의 기간인 간부, 특히 고급 간부들인 그들에게 묻고 싶다. 지금 당신들이 살아가고 있는 삶이 참 군인으로서의 삶이 맞는가? 아마도 대부분 "그렇다"라고 답변할 것이다. 아니다. 당신들은 당당하지 못하다. 당신들은 위선자이다. 우리 모두 반성하고 정신 차려야 한다. 자칫 이런 정신상태로 세월이 흐른다면 우리는 가정마다 김씨 가문 사진을 걸어놓고 아침저녁으로 문안 인사를 올리게 될 날이 올지도 모른다. 이 글을 처음 작성할 당시만 하더라

도 우리 군인들부터 정신을 차리길 바라는 마음에, 한 명이라도 정신을 차리는 군인이 있었으면 하는 간절한 바람에 시간을 들여 작성하게 되었다.

『역적(逆賊)-당신도 모르는 사이에』라는 이 책의 제목이 말해주는 것과 같이 역적들에 의해 우리도 모르는 사이에 국가안보가 위협받고 자유민주주의 대한민국의 붕괴가 걱정되어 군 관련 내용을 써 내려갔다. 하지만 연일 우리 대한민국 사회 곳곳에서 발생하는 안타까운 사건들을 보고 과거에 얽매여서 미래를 놓치는 행태들과 사회 분위기가 너무 한쪽으로 치우쳐 돌아가고 있다는 생각에 군인이기 이전 자유 대한민국 국민의 한 사람으로 「국민이 국민에게 말한다」라는 Part 02를 추가로 작성하게 되었다. 나는 이 글을 작성하면서 최대한 사실을 근거로 작성하기 위하여 백과사전 등을 위주로 자료를 찾아 참고하여 작성하였다는 것을 알아주었으면 한다.

이 글을 읽고 나면 분명 나를 욕하는 사람도 많을 것이다. 하지만 나를 욕하기 이전에 우리 사회의 현실을 냉정하게 판단하고 자기 자신을 돌아봐야 한다고 생각한다.

이 책이 출판되기 전 감수를 해 주셨던 한 예비역 선배는 출간하지 말 것을 권하였다. 이 책으로 인하여 곧 전역하여 사회생활을 할 필자가 걱정되어서였다. 인맥을 중요시하는 우리 사회이기에 자칫 많은 사람의 미움을 사게 되어 혹시나 앞으로 살아가는 데 지장이 있을까 하는 걱정스러운 마음에서였다. 하지만 가만히 있으면 나는 그들과 무슨 차이가 있겠는가! 내 안위를 위해 그럴 수 없었다. 자유 대한민국이 없었다면 지금의 나도 없었기에 하루빨리 자유 대한민국이 바로 서기를 바라는 마음에 출간을 강행하게 되었다.

현재 대한민국에는 많은 종중, 종북, 좌파 출신 인사들이 우리나라 지도자 행세를 하며 이 나라를 망치고 있다. 망치기만 하면 다행이다. 우리나라를 통째로 북한에게 바치려 하고 있다. 현실을 직시하자. 종북좌파 정권이 들어서기 얼마 전 그분들이 현직으로 계실 당시에도 G명박이니 닭근혜라며 대통령을 욕해도 잡혀가지 않고 멀쩡히 살 수 있는 나라였었다. 심지어 좌편향 유튜버가 전직 대통령에게 쥐약을 보내서 협박한 사실이 명확히 있어도 구속되지 않는 그런 대한민국이었었다.

대한민국 국민들이라면 누구라도 정치인들에 대해서도, 정당에 대해서도 비판할 수도 있었다. 당연하다. 그들은 우리가 선출시킨 사람이기 때문이다. 그들은 우리 국민 위에 있으면 안 된다. 항상 우리 아래에 겸손하게 있어야 한다. 목에 힘주고 거만을 떨지 마라. 무엇이 언론탄압이며 표현의 자유를 막고 있다고 하는가?

우리나라는 언론과 표현의 자유가 있다. 그 자유가 너무 많아서인지 허위사실이 사실처럼 보도되고 카더라통신 등 어용 언론들의 사실 왜곡 문제가 심각할 정도이다. 하지만 2017년 이후인 최근에는 많이 바뀌었다. 종북, 좌파, 친중 정부가 들어서면서 국민들의 입을 막으려 하고 있다. 전 국민을 못살게 하여 관심을 오로지 생계에만 매달리도록 만들고 있다. 집과 토짓값은 계속 오르고 심지어 물가도 계속 오르고 있다. 당연한 과정이다. 배고픈데 얼어 죽을 무슨 정치인가! 그것뿐인가? 그들과 뜻이 다른 정권이 집권 당시에는 어느 날 갑자기 종교지도자란 사람들과 학교 선생들이란 작자들이 시국선언을 하는 등 마치 지금 우리 대한민국 국민들이 자유를 억압당하고 인권을 유린당하고 있는 것 같은 코스프레로 국민들을 선전 선동하여 많은 혼란을 초래하였으며, 대다수 국민들이 그들의 말을 믿고 따랐다. 나는 감히 말할 수 있다. 현재 우리나라 사회 분위기가 남베트남이 공산화되기 직전의 상황과 너무나 비슷하다.

　물론 나는 베트남 패망 시기에 태어나긴 했지만, 주류 세대는 아니다. 하지만 누구나 조금이라도 관심이 있으면 어디서든지 베트남 패망의 원인과 당시 사회 분위기에 대하여 충분히 알 수 있다. 패망 직전 당시 남베트남의 군사력은 대략 세계 3위였다. 모스크바에서 약 2년간 공산당 혁명사상을 익힌 호찌민(胡志明, 본명: 응우옌신꿍)이란 공산주의자가 등장하여 인도차이나 공산당을 창립하였고 중국을 근거지로 배트남혁명청년동지회를 결성, 이 단체에서 훈련받은 베트남인들을 인도차이나 지하조직으로 내보냈다.

　그는 1931년 홍콩에서 영국 경찰에 체포되었다가 1933년 석방되어 모스크바로 돌아간 후 1941년 베트남 잠입에 성공하여 민중을 선동하였다. 1960년에는 남베트남민족해방전선(NLF)이 결성되어 공산화를 주도하였으며, 1963년에는 베트남 사이공의 고승이었던 승려 틱광득이 종교탄압을 이유로 분신자살을 한 것이 계기가 되어 많은 국민들이 민주 정부에 반기를 드는 계기를 만들어 주었다. 서방의 많은 자유민주주의 국가에서 그들의 공산화를 막기 위해 많은 지원을 하였지만 결국 베트남은 1975년 공산화가 되었다. 소련의 지원을 받았던 월맹은 이 과정에서 군, 경찰, 정부 등 사회 곳곳에 간첩을 침투시켜 내부 분열을 일으키고 정보를 획득토록 하였다.

당시 베트남에는 공산주의자는 0.5%밖에 있지 않았다고 한다. 그 작은 소수 인원의 선전·선동에 99.5%라는 다수의 국민들이 현혹되었다. 지금 대한민국의 어용 언론처럼 언론도 크게 한몫을 하였다. 1973년 촬영된 AP통신 사진작가 닉 우트가 찍은 '베트남 전쟁의 테러'라는 제목의 사진(발가벗은 소녀가 울며 달려가는 사진), 그리고 에디 애덤스가 촬영한 '사이공식 처형' 사진은 퓰리처상을 받아 전 세계적인 반향을 불러일으켰다.

33년 만에 밝혀졌던 사진의 진실은 죄 없는 민간인을 공개 처형한 것이 아니라 수많은 여성을 강간하고 7명의 무고한 생명을 살해한 혐의로 체포된 악명 높은 베트콩 암살부대원 응우옌 반 렘을 남베트남군 구엔 록 로안 대령이 권총으로 즉결 처분하는 장면이었다.

그때 로안은 렘의 처형을 부하에게 지시했다가 부하가 망설이자 "내가 망설이면 누가 나를 따르겠는가"라는 말을 남기고 직접 처형을 실행한 걸 나중에 알게 된 애덤스 기자는 AP통신 본부에 정정보도를 요구하였지만 이미 엄청난 화제가 된 사진이라 진실을 밝히기를 두려워한 경영진들에게 받아들여지지 않았다.

월남 패망 후 미국으로 망명한 로안은 버지니아주 주민들에게 악마라는 소리를 들으며 추방 압력을 받는 등 평생 은둔생활로 비참하게 살아가야만 했다. 애디 애덤스 기자도 퓰리처상은 물론 5백여 개에 이르는 상을 받았지만 늘 죄책감에 시달려야만 했다. 1986년 한국의 한 언론과의 인터뷰에서 이 사진을 촬영한 것을 무척 후회한다는 말을 남긴 걸로 유명하다.

　　결국 이 사진들은 언론을 통해 사실이 왜곡 보도되는 바람에 월남전은 잔혹한 전쟁으로 묘사되어 당시 미국을 중심으로 반전 여론을 형성하는데 결정적으로 이바지하게 되었다. 전 세계적인 반전 운동 탓에 미국 등 여러 국가의 참전과 지원이 차츰 중단되었으며, 그 결과 베트남은 공산화가 되었다. 자유를 찾아 수많은 사람이 선상난민이 되어 고국을 탈출하여 바다 위를 떠돌며 죽어가는 비참한 참상은 전 세계인들에게 자유민주주의의 소중함을 다시 한번 일깨워 주었다. 우리는 그들이 주는 교훈을 절대로 잊지 말아야 한다. 베트남과 비슷한 조건의 우리나라는 어떨까? 중국과 러시아 등 공산주의 국가의 지원을 받는 북한과 대치하고 있으며 사회 곳곳에는 그 추종 세력들이 얼마나 많이 침투해서 활동 중인지 알 길이 없다.

　　지금 대한민국의 자유민주주의가 위협받고 있다. 아니 지금은 자유민주주의가 몰락하고 있다. 패망의 길을 걸었던 베트남의 교훈을 되새겨보며 우리도 자유 대한민국을 수호하기 위해 하루라도 빨리 태세 전환을 해야 한다. 대한민국은 해방 이후 지금까지 국가경제발

전과 자유민주주의 정착을 위해 쉴 새 없이 달려왔다.

우리의 수많은 선열이 희생하며 노력한 결과 세계 어디에서도 그 전례를 찾을 수 없을 만큼 세계 10대 경제 대국인 지금의 자유 대한민국으로 발전하였다. 대한민국은 특히 경제 분야에서 눈부신 발전을 이룩하였다.

이승만 대통령께서 우리에게 자유민주주의를 선물하여 주셨고, 박정희 대통령께서는 다시는 한반도에서 전쟁이 나지 않도록 강한 국방력과 비약적인 경제발전을 통해 대한민국의 많은 국민들이 잘 먹고 잘살 수 있도록 해주셨다. 하지만 한반도의 휴전 기간이 너무도 오래 지속되다 보니 국민들은 자연스럽게 북쪽에 있는 세력이 얼마나 위험한지를 점점 망각해가고 있다.

마치 치매 환자가 현실을 점점 잊게 되는 것과 같이 우리의 주적은 김정은과 북한 정권 그리고 북한군이라는 사실에는 변함없다. 망각해서는 안 된다. 그런데도 정권에 따라 『국방백서』를 발행할 때마다 주적에서 넣었다 뺐다 하는 한심스러운 우리 국방부….

북한은 김일성의 유지에 따라 그가 사후인 지금도 그들은 계속해서 자유 대한민국 곳곳에 공산주의자들을 침투시키고 있다. 지금 대한민국에는 베트남에 침투하여 활동해 왔던 0.5%보다 더 많은 공산주의자들이 우리 사회에 침투해서 활동하고 있다고 본다. 그들은 이미 정부의 주요 요직, 법조계, 교육계, 종교계, 노동계, 언론계, 문화계 등 많은 곳을 장악했다.

북한을 찬양하고 같은 민족이라고 생각하는 정권으로 여러 차례 바뀌면서 우리의 안보는 무너져버렸다. 사상 무장이 된 그들은 자유민주주의자로 신분을 감추고 곳곳에서 지도자 행세를 하며 우리 국민들이 눈치를 채지 못하도록 자유 대한민국을 조금씩 그리고 서서히 무너뜨리기 시작했고 지금 우리나라의 이념 무게중심은 공산주의 쪽으로 많이 기울었다.

그러기에 현 정권에서는 대놓고 목표 달성을 위해 나아가고 있는 것이다. 북한과 철저히 사상 무장이 된 채로 우리 자유 대한민국에서 기생하며 살고 있던 종북 좌파 세력은 한반도 공산화라는 목표를 세우고 치밀하게 장기적으로 목표 달성을 위해 하나하나 실행에 옮기고 있는 것이다. 온 국민이 경제발전과 부의 축적 그리고 신분 상승을 위해 집중하고 있는 그래서 안보에 대하여 무감각해진 우리 국민들에게 호시탐탐 기회를 노리고 있던 종북좌파들 바로 그 세력들은 대한민국을 공산화시키기 위해 때론 조금씩, 때로는 급진적으로 국민들을 선동했다.

일부 정치인 중에 자유민주주의로 전향했다고 하는 인간들아, 웃기지 마라! 만약 당신들의 주장대로 전향한 것이 맞다면 공개석상에서 주체사상과 김씨가(家)를 욕해 봐라! 그러지 못한다면 당신들은 자유민주주의 전복을 위해 위장 전향한 것을 인정하는 것이다. 지금 우리의 안보는 심각한 상황이다. 안보만의 문제가 아니다. 경제까지 파탄 내고 있다. 당연한 것 아닌가! 경제부터 파탄 내야 온 국민들의 관심이 경제에 집중될 것이며 그래야 정치에 관심을 덜 갖게 되고,

결국 그 세력들이 장기집권이 가능할 것이다. 그리고 그들의 목표대로 한반도를 공산화 시킬 수 있을 것이다.

국민은 먹고살기가 힘들면 안보나 정치에 관심을 가질 수는 없다. 즉 한반도 공산화를 꿈꾸고 있는 그들은 우리 국민들이 먹고살기 힘들어 안보나 정치에 관심이 없어지기를 노리고 있는 것이다. 어느새 자유 대한민국의 수도인 서울의 광화문광장에서 김정은을 찬양하는 집회를 열고 있어도 괜찮은 나라가 되어버렸다. 빨갱이들은 김일성의 비밀교시를 꾸준히 시행해 왔고 지금도 계속해 오고 있다.

그리고 이제는 마지막 단계인 한반도 공산화를 위해 전력을 다하고 있다. 시간이 많지 않다. 더 이상 우리 안보가 기울어진다면 다시는 바로 세울 수 없다. 지도상 자유 대한민국은 빨간색으로 변할 것이다. 지금 대한민국 곳곳에서 일어나고 있는 일들을 보면 너무나 섬뜩하다.

아직도 우리나라 안보 위기를 못 느끼고 있는 국민들이 우리 사회 현상을 하나하나 분석한 내용들을 잘 읽고 이해하기를 바라며 지금부터라도 자유 대한민국을 공산화시키려는 모든 세력들을 몰아내기 위해 노력해야 한다. 전후 세대의 우리 국민은 지금까지 국가로부터 많은 혜택을 받았다. 우리의 후손들도 지금까지 우리가 누렸던 자유 민주주의를 계승해 주어야 하지 않겠는가!

2022년이 시작되는 1월 초순 경기도 연천에서
자유 대한민국의 미래를 걱정하며

목차

머리말

Part 01 군인이 군인에게 말한다

Part 02 국민이 국민에게 말한다

Part 01

군인이
군인에게 말한다

군인이 정치권의 요구에 찍소리도 못하고 필요한 조직까지 줄

이는 눈치 보기에 급급한 우리 군,

이 얼마나 한심한 일인가! 이솝우화 중

'부자와 당나귀'가 생각난다.

착각하지 마세요!
당신이 없어도 부대는 잘 돌아갑니다

최근 개인 휴가를 시행하라고 상급 부대에서 계속 강조하고 있기에 많이 줄어들기는 했지만, 여전히 일부 고급 장교나 부사관들 중 휴가를 안 가는 인원이 있다. 아니면 할 일도 없으면서 퇴근을 늦게 하던지…, 본인이 없으면 부대가 잘 돌아가지 않는다고 혼자 착각하는 사람도 있고 불안해하는 사람도 있다. 웃기지도 않는다. 그런 논리라면 장관도 대통령도 휴가를 가지 말아야 하지 않은가? 숙식하며 자리를 지켜야 하는 것 아닌가? 직무유기이다.

본인이 없더라도 부대가 이상 없이 잘 돌아가게끔 만들어야 할 고급 장교들이 이런 생각을 하는 것은 문제가 있지 않은가? 전시에 본인 유고(有故) 시 그 조직은 오합지졸이 되어 패배해도 괜찮다는 논리인가? 그런 사람은 빨리 전역시켜야 한다. 외적으로는 상급자와 주변에 열심히 일하는 것처럼 보여주어 계급장 하나 더 달기 위해 그러는 것 같은 느낌을 지울 수 없다.

　장교들만 그런가? 주임원사들은 왜 휴일마다 출근해서 이곳저곳을 들쑤시고 다니는가? 가정을 지켜야지 휴일에 왜 출근해서 들쑤시고 다니는가? 주임원사가 출근하면 행정보급관들도 출근해야지, 출근하면 가만히 있을 그들이 아니다. 병사들에게 쓰레기 정리해라, 창고 정리해라 등 잔소리만 오지게 하지. 그들이 출근해서 시간 외 수당을 챙기기 위해 그리하는 것은 어느 정도 이해하지만 미흡한 업무가 있어서 출근했으면 그냥 조용히 끝내고 퇴근해라.

　필자의 경험으로 휴일 출근의 장점은 사무실에 앉아 미흡했던 업무를 마무리하는 동안 전화 오는 곳도 찾는 윗사람도 없어서 좋았다. 조용히 업무를 마무리하기에 최적의 시간이 휴일이다. 훌륭한 척 하시는 간부님들아! 휴일에 출근했으면 쥐도 새도 모르게 자기 사무실로 들어가서 한 주간 미흡했던 업무를 조용히 마무리하고 집에 가라. 시간 외 수당 챙기기 위해서라든지 윗사람에게 잘 보이기 위해 휴일에도 출근해서 부하들을 괴롭히는 짓을 그만해라.

　'장군으로 예편하고 사회적으로 성공했다고 하지만 자식한테 좋은 아빠로는 실패했다. 휴일도 없이 일하느라 신경을 써주지 못하며 애들 엄마에게만 육아를 맡겼었다. 어느 날 학교에서 말썽을 부린 아들놈을 야단치는데 "아빠가 뭔데 나한테 야단을 쳐? 나한테 아빠가 필요했던 때에는 있지도 않았잖아!"라며 대드는데 내가 아들에게 할 말이 없었다.' 필자가 공병 병과 출신 예비역 장군에게 직접 들은 이야기이다. 일도 좋지만, 가정이 중요하다고 일깨워 주었다. 일과 후에는 퇴근하여 부인과 아이들과 많은 대화를 주고받으며 휴일에는 근처로 소풍도 가서 자식들에게 좋은 추억을 만들어 주어야 한다. 괜히 휴일도 반납하고 휴가도 가지 않으면서 부대를 걱정하는 척 그리고 내가 아니면 일할 사람이 없다고 착각하지 맙시다. 그런 생각은 말 타고 서부에나 가서 합시다.

필자가 경험한 대부분 간부는 일이 있어서가 아니라 지휘관에게 잘 보이기 위해서 그리고 시간 외 수당을 챙기기 위해 그딴 짓거리를 하는 경우가 많았다. 하긴 가끔 위병소 출입일지를 확인하든지 사무실에 불이 켜있는지, 그것으로 일을 잘하는지 못하는지 판단했었던 지휘관도 있었다. 요즘에도 그런 지휘관이 있나? 물론 지휘관이나 상급자에게 자기가 늦은 시간이나 휴일에도 나와서 일을 한다는 것을 티 내고 싶어 하는…, 그래야 진급을 하니까. 그런 생각에 그들의 행동이 어느 정도 이해는 된다.

군 간부님들아! 이 글을 읽고도 휴일과 휴가를 반납하고 출근해서 일해야 한다든지 아니면 괜히 일도 없으면서 늦은 시간이나 휴일에 부대에 출근해서 티 내고 다니려고 한다면 그냥 쥐 죽은 듯 조용히 들어와서 혼자만 고생하세요. 괜히 이곳저곳 다니며 들쑤시지 말고, 그리고 휴가도 가서 가족들과 좋은 추억도 만들고 몸과 마음에 새로운 기운으로 가득히 충전하여 더 좋은 부대를 만들기 위해 노력합시다.

착각하지 마세요! 당신이 없어도 부대는 잘 돌아갑니다.

정치군인, 김일성 장학금 혜택을 받은 군인?

필자가 지휘관 시절 부하들을 교육할 때 김일성 장학금에 대하여 종종 교육했었다. 2004년 6월 26일 일본 산케이신문에서 보도한 김일성의 비밀교시 내용을 분석해 보면 김일성은 대한민국 스스로가 붕괴 되도록 많은 노력을 하였다는 것을 알 수 있다. 우리에게는 매우 불행하게도 우리나라의 역적인 김일성이 노력한 결과가 현재 우리 대한민국 사회 곳곳에서 하나 둘씩 현실로 나타나고 있다.

물론 추측이지만 김일성 장학금을 이야기해보자. 60~70년대의 우리나라 청소년 중 두뇌가 명석하고 공부를 매우 잘하지만, 불행하게도 소년가장이 되어 가족들의 생계를 책임져야 했던 청소년들이 많이 있었다. 공부가 너무나도 하고 싶지만, 생계를 위해 어쩔 수 없이 공장 등에 취업해서 노동을 해야 할 운명에 처했던 그들에게 어느 날 갑자기 듣지도 보지도 못했던 먼 친척이라는 사람이 다가와 가정의 생계와 학비를 지원할 테니 공부에 매진하라고 하였고 이 청소년들은 아무런 걱정 없이 공부에 매진한 결과 원하는 대학 원하는 전공학과에 진학할 수 있게 되었다.

뒤를 봐주던 먼 친척이란 사람은 가끔 나타나서 이 청소년들을 만나 주체사상 등에 대하여 이념교육을 해왔고 진로 또한 먼 친척이란 사람에 의해 결정이 되었다. "너는 정치외교학과(외교부 고위공직자가 되어 남조선을 공산화 시켜야 하니까), 너는 신문방송학과(언론사 임원이 되어 언론으로 국민들을 선전·선동해야 하니까), 너는 종교 관련학과(종교지도자가 되어 시국선언 등 종교를 이용해 사람들을 선동해야 하니까), 너는 교육 관련학과(교사가 되어 어릴 때부터 사상교육을 시켜야 하니까), 너는 법학과(판·검사가 되어 좌익을 보호하는 판결을 해야 하니까), 너는 사관학교(장군이 되어 자유 대한민국 안보를 망치고 9·19 남북군사합의 같은 것을 추진하고 지지해야 하니까), 너는 문화 관련학과(공산주의를 미화시키는 작품들을 만들어 국민들의 적개심을 없애야 하니까)."

세월이 지난 지금 그들은 먼 친척이라는 사람이 바라던 대로 우리나라 곳곳에 고위직으로 근무하며 자유 대한민국을 통째로 북한에 바칠 준비를 하고 있다고 생각한다. 이것은 충분히 가능한 시나리오다. 그래서 그런 큰 그림을 그렸던 김일성이 과거에 남조선은 스스로 붕괴할 것이라고 자신 있게 호언장담하지 않았을까? 당시 북한이 불법으로 찍어낸 위조화폐가 지금 대한민국을 이끌어 가고 있는 지도층이 청소년들이었을 때 학비와 생활비로 쓰지 않았을까? 하는 합리적인 의심을 해 볼 수 있지 않은가?

지금 이 문재인 정권으로 인하여 사회가 어떻게 돌아가는지는 다들 잘 알고 있을 터이니 군과 관련된 것 하나만 더 언급하려 한다.

지난 2018년에 있었던 9·19 남북군사합의가 있었으나 어느 누구하나 이의를 제기한 사람이 없었다. 예비역 장군이나 현역 장군 모두. 장군만 문제인가 국방부 장관도 문제이다. 그러니 군사 식견이 부족한 국민들은 가만히 있을 수밖에 없었던 것이 당연하다고 본다.

9·19 합의문 내용을 필자의 군사적 식견과 역사적 사실을 바탕으로 분석해 보았다.

하나, 5Km 완충지대 내 포병사격훈련 및 연대급 이상 야외기동훈련 중지 등(지상 적대행위 중지)에 관한 생각이다.

전방사단 전방연대의 전시 임무는 GP, GOP를 포함한 작전지역 내에서 적의 주력을 격멸 또는 전투력을 약화시키는 것이다. 거점에서 방어 전투를 하는 것이 전방연대의 임무이다. 평시 연대 훈련을 임의지형에서 한다면 어떡하라는 것인가? 자기가 방어를 해야 할 지역 거점에 올라가 훈련도 못 해보고 유사시에 어찌 방어작전을 하라는 것인가. 참고로 교범에 명시된 군단의 책임 지역은 정면이 약 30Km 정도 종심이 약 70Km, 사단과 연대의 책임 지역에 대해서는 정확히 명시된 것은 없지만 산술적으로 봤을 때 사단은 정면이 약 15Km, 종심이 약 35Km, 연대는 정면이 약 7~8Km 정도 종심이 약 15~20Km 정도이다. 미치고 환장할 일 아닌가?

전방사단의 전방연대는 유사시 지금의 현 위치에서 남침하는 적을 격멸해야 하는데 사수해야 할 자신의 책임 지역에서도 훈련을 못 하는데 어찌 이 나라를 지킬 수 있다는 말인가? 책임 지역에서의 지형지물 숙지와 화력을 유도하기 위한 장소와 방어작전에 절대적으로 필요한 장애물들의 위치를 선정해야 한다. 지도상이나 지형정찰로는 한계가 있다. 실기동훈련을 통해 진지점령계획, 화력운영계획, 장애물운용계획 등을 수립해야 하고 역습과 역공격 등의 여러 계획도 수립하고 검증해야 한다. 여러 제대의 통신이 원활하게 되는지도 확인해야 한다.

무엇보다도 가장 중요한 것은 연대급 부대의 훈련이다. 제한적으로 나마 제병협동훈련이 가능한 최소의 제대가 연대인데 그것도 북한군이 남침할 경우 제일 먼저 북한군과 싸워야 할 주체가 전방사단의 전방연대인데 어떻게 전방을 담당하고 있는 연대장들과 참모들 그리고 대대장들을 훈련시킬 것인가? 평시 경험도 못 해보고 어찌 싸울 수 있나?

	15Km		15Km	
	전방A사단 a연대	전방A사단 6연대	전방B사단 d연대	전방B사단 e연대	15Km
35Km	전방 A사단 c연대(예비)		전방 B사단 e연대		20Km
	I군단 전방 A사단	30Km	II군단 전방 B사단	

둘, 고정익은 동부지역에서 40Km 서부지역에서 20Km를, 회전익은 10Km를, 무인기는 동부 15Km 서부 10Km 비행 금지(공중적대행위 중지)에 관한 생각이다.

공중적대행위를 중지시키면 접적 지역의 정보는 어떻게 얻나? 군사 합의 이후 지금 한국군의 감시자산으로는 접적 지역의 자료를 획득할 수 없다. 상식적으로 생각해 봐도 기존 비행 구역보다 높은 고도에서 촬영해야 한다. 높은 고도에서 촬영하면 해상도가 떨어지는 것은 당연하며, 지구가 둥글기 때문에 발생하는 왜곡 현상을 바로잡아야 하는 등 많은 문제를 수반하게 된다.

정보는 정확도와 시간이 생명이다. 돋보기로도 알 수 없는 사진을 어떻게 분석하고 지구가 둥글어서 발생하는 왜곡된 현상(측량에서는 오차라고 하고 보정을 한다)을 언제 바로잡아서 활용하나? 또 높은 고도로 오르고 유지하기 위해 추가로 소모되는 연료는 어떻게 감당하나? 북괴는 기름이 없어 조종사들이 모형 비행기를 가지고 김정은 앞에서 쇼하는 것을 언론을 통해서 보았을 것이다. 공중적대행위 중지 구역을 북으로는 평양까지 남으로는 대전까지 확대하더라도 북괴는 손해 볼 것이 없다. 우리만 손해이다.

셋, 비무장지대 내 GP 철수에 관한 생각이다.

더 이상 귀순하는 북괴군은 없을 것이다. 기존의 GP에는 병력을 포함, 열상감시장비, 공용화기 등이 배치되어 전방을 감시하는 임무를 수행하였고 GP 전방에는 귀순을 돕기 위한 유도함(인터폰, 백색 수기 등)을 두어 귀순 인원이 이것을 활용토록 하였으며 귀순하는 동안 적이 군사분계선을 넘어 월남하는지를 감시하고 월남 시 응사함으로 귀순 인원을 엄호할 수가 있었으나 지금은 그럴 수가 없다. GP 철수 및 철거 전에 우리 군의 보호를 받기 위해 이동해야 할 거리를 1로 보았다면 지금은 2 이상이나 되는 거리의 지뢰지대를 목숨을 걸고 통과해야만 귀순이 가능할 것이다. 또한 귀순할 때 엄호해 줄 우리 군 병력도 없다. 홀로 남방한계선까지 와야 한다. 지금 이 시각부터는 귀순자는 없다. 귀순을 가장한 남파 간첩만 있을 뿐이다.

그리고 폐쇄만 하면 될 시설물을 왜 완전 폭파까지 하였는가? 그렇게 계속 당하고도 김정은과 북괴를 믿나? 정신 좀 차려라. 남북관계가 악화되어 전쟁징후가 농후할 때는 어떻게 하려는 것인가? 비무장지대의 철조망 형태를 보더라도 북괴는 공격이 우리는 방어에 유리하도록 설치되어 있다. 그 집단에서는 언제든지 우리를 공격할 수 있다는 말이다. 그러니 도무지 이해되질 않는다는 이유이다. 평시 GP는 감시초소로 활용되며 북괴군의 활동을 관측하고 촬영하여 보고를 통해 상급 부대에서 적의 동향을 분석할 수 있도록 해주는 역할을 한다. 북괴군이 남측으로 와서 정보를 획득하지 못하고 우리 군에게 피해를 주지 못하도록 경계의 임무도 수행한다.

또한 유사시에는 공격하는 적의 규모, 장비 등 정보를 제공하여 적의 주공 방향에 대하여 어느 정도는 예측할 수 있게 해주어 우리 군의 예비전력이 대비토록 한다. 또한 주요 목에 위치한 이들은 적의 공격을 어느 정도 지연시켜줌으로써 우리 군이 방어 준비를 하는 데 약간의 시간을 확보하게 해주는 임무도 수행한다. 하지만 GP를 철수가 아닌 완전 폭파로 복구할 수 없게 만들었으니 북괴는 남방한계선까지 아무런 저항 없이 공격할 수 있지 않은가? 나만 이런 생각이 드는 것일까?

넷, 한강하구 공동이용(공동수로 조사 및 민간선박의 이용)에 관한 생각이다.

1997년 2월 15일 김정일의 처조카 이한영(본명 리일남)이 경기도 성남시 자신의 집 앞에서 총에 맞고 피살되었다. 범인은 지금까지 잡지 못하고 있다. 누가 죽였을까? 내국인의 소행일까? 요즘이나 부산항 등 국제항구 일대에서 러시아 등 외국 선원들을 통해 총기를 살 수 있다고 하지만 당시에는 어디에서 구할 수 있었을까? 나는 '북괴'라는 단어가 자꾸 맴돈다. 하물며 한강하구 공동수로 조사까지 하고 민간선박이 이용케 하였으니 북한 인권을 외치는 사람들 대한민국 정부에 적극적으로 협조하고 있는 고위 탈북자, 북괴 체제 유지를 방해하는 사람들의 목숨을 우리 정부가 다 보존해 주기는 힘들 것 같다는 생각이 머릿속에서 떠나질 않는다. 그리고 언제든지 침투하여 사회를 혼란시킬 수 있도록 여건 또한 마련해 주었다는 생각이 든다. 현재와 같이 친북, 친중하는 좌파 정권과 백두칭송위원회와 같은 좌파 세력들의 활동을 방해하는 개인이나 단체의 안위는 앞으로 보장되기 힘들 것 같다.

지난 2019년 7월 16일 정두언 전 의원이 자살하였다. 과연 자살일까? 정 의원은 비선 이후 여러 매체에 출연하여 현 정권에 대하여 많은 비판을 했었다. 또한 그는 이명박 전 대통령과 박근혜 전 대통령의 혐의에 대하여 잘못된 것이라는 주장을 해왔던 사람이다. 그랬던 사람이 갑자기 죽었다. 평소 앓아왔던 우울증 때문에 자살이라고?

만약 남파된 세력에 의하여 살해를 당한 것이라면? 유서야 조작되었을 수 있고 또 가족을 볼모로 해서 강요에 의하여 작성된 것일 수 있지 않을까? 친북좌파 정권을 비판하던 사람이 죽었다. 그것도 전직 국회의원이 죽었다. 우울증 때문이라고 몰아가기 이전에 합리적으로 여러 가지 정황을 놓고 분석해야 한다.

정두언 전 의원 말고도 정의연 소속으로 윤미향 측근이었던 마포쉼터 손 모씨, 이낙연 선거캠프에서 옵티머스 관련 수사를 받던 이경호 부실장, LH공사 전 광명·시흥 본부장, 청와대 민정비서관 행정관이었던 친문 게이트를 수사하던 모 수사관, 박원순 서울시장 본인 등 의혹을 받든지 제거되어 함구해야 좌파 쪽에 유리한 상황으로 전개될 수 있는 위치에 있는 사람들은 자살이라는 극단적인 선택을 많이 하고 있다. 과연 자살일까? 많은 사람이 여러 가지 의심을 하고 수사해야 할 문제 아닌가?

필자는 '노무현 전 대통령도 부엉이 바위에서 스스로 목숨을 끊은 것일까?'라는 합리적 의심 또한 해 본다. 우리 자유 대한민국은 외부로부터는 이루 말할 수 없을 만큼 잔혹한 북괴 정권과 내부에는 친북좌파 세력이 득실거린다는 사실을 잊지 말아야 할 것이다. 앞으로는 우익이나 북한의 인권 그리고 좌파 세력을 비난하는 단체나 개인의 신상에 문제가 있다면 반드시 철저한 원인 규명을 해야 한다.

역사적인 「판문점선언」 이행을 위한 군사분야 합의서

남과 북은 한반도에 서 군사적 긴장 상태를 완화하고 신뢰를 구축하는 것이 항구적이며 공고한 평화를 보장하는 데 필수적이라는 공통된 인식으로부터 「한반도의 평화와 번영, 통일을 위한 판문점선언」을 군사적으로 철저히 이행하기 위하여 다음과 같이 포괄적으로 합의하였다.

1. 남과 북은 지상과 해상, 공중을 비롯한 모든 공간에서 군사적 긴장과 충돌의 근원으로 되는 상대방에 대한 일체의 적대행위를 전면 중지하기로 하였다.
(1) 쌍방은 지상과 해상, 공중을 비롯한 모든 공간에서 무력 충돌을 방지하기 위해 다양한 대책을 강구하였다.
쌍방은 군사적 충돌을 야기할 수 있는 모든 문제를 평화적 방법으로 협의·해결하며, 어떤 경우에도 무력을 사용하지 않기로 하였다.
쌍방은 어떠한 수단과 방법으로도 상대방의 관할구역을 침입 또는 공격하거나 점령하는 행위를 하지 않기로 하였다.
쌍방은 상대방을 겨냥한 대규모 군사훈련 및 무력 증강 문제, 다양한 형태의 봉쇄·차단 및 항행 방해 문제, 상대방에 대한 정찰행위 중지 문제 등에 대해 '남북군사공동위원회'를 가동하여 협의해 나가기로 하였다. 쌍방은 군사적 긴장 해소 및 신뢰 구축에 따라 단계적 군축을 실현해 나가기로 합의한 「판문점선언」을 구

역적 당신도 모르는 사이에

현하기 위해 이와 관련된 다양한 실행 대책들을 계속 협의하기로 하였다.

(2) 쌍방은 2018년 11월 1일부터 군사분계선 일대에서 상대방을 겨냥한 각종 군사 연습을 중지하기로 하였다.

지상에서는 군사분계선으로부터 5km 안에서 포병 사격훈련 및 연대급 이상 야외기동 훈련을 전면 중지하기로 하였다.

해상에서는 서해 남측 덕적도 이북으로부터 북측 초도 이남까지의 수역, 동해 남측 속초 이북으로부터 북측 통천 이남까지의 수역에서 포사격 및 해상 기동 훈련을 중지하고 해안포와 함포의 포구·포신 덮개 설치 및 포문 폐쇄 조치를 취하기로 하였다.

공중에서는 군사분계선 동·서부지역 상공에 설정된 비행금지구역 내에서 고정익항공기의 공대지 유도무기 사격 등 실탄사격을 동반한 전술훈련을 금지하기로 하였다.

(3) 쌍방은 2018년 11월 1일부터 군사분계선 상공에서 모든 기종들의 비행금지구역을 다음과 같이 설정하기로 하였다.

고정익항공기는 군사분계선으로부터 동부지역(군사분계선식물 제0646호부터 제1292호 까지의 구간)은 40km, 서부지역(군사분계선표식물 제0001호부터 제0646호까지의 구간)은 20km를 적용하여 비행금지구역을 설정한다.

회전익항공기는 군사분계선으로부터 10km로, 무인기는 동부지역에서 15km, 서부지역에서 10km로, 기구는 25km로 적용한다.

다만, 산불 진화, 지·해상 조난 구조, 환자 후송, 기상 관측, 영농 지원 등으로 비행기운용이 필요한 경우에는 상대측에 사전 통보하고 비행할 수 있도록 한다. 민간 여객기(화물기 포함)에 대해서는 상기 비행금지구역을 적용하지 않는다.

(4) 쌍방은 지상과 해상, 공중을 비롯한 모든 공간에서 어떠한 경우에도 우발적인 무력 충돌 상황이 발생하지 않도록 대책을 취하기로 하였다.

이를 위해 지상과 해상에서는 경고 방송 → 2차 경고 방송 → 경고사격 → 2차 경고사격 → 군사적 조치의 5개 단계로, 공중에서는 경고 교신 및 신호 → 차단 비행 → 경고사격 → 군사적 조치의 4개 단계의 절차를 적용하기로 하였다.

쌍방은 수정된 절차를 2018년 11월 1일부터 시행하기로 하였다.

(5) 쌍방은 지상과 해상, 공중을 비롯한 모든 공간에서 어떠한 경우에도 우발적 충돌이 발생하지 않도록 상시 연락체계를 가동하며, 비정상적인 상황이 발생하는 경우 즉시 통보하는 등 모든 군사적 문제를 평화적으로 협의하여 해결하기로 하였다.

2. 남과 북은 비무장지대를 평화지대로 만들어나가기 위한 실질적인 군사적 대책을 강구하기로 하였다.

(1) 쌍방은 비무장지대 안에 감시초소(GP)를 전부 철수하기 위한 시범적 조치로 상호 1km 이내 근접해 있는 남북 감시초소들을 완전히 철수하기로 하였다.

(2) 쌍방은 판문점 공동경비구역을 비무장화하기로 하였다.

(3) 쌍방은 비무장지대 내에서 시범적 남북공동 유해 발굴을 진행하기로 하였다.

(4) 쌍방은 비무장지대 안의 역사유적에 대한 공동 조사 및 발굴과 관련한 군사적 보장대책을 계속 협의하기로 하였다.

3. 남과 북은 서해 북방한계선 일대를 평화수역으로 만들어 우발적인 군사적 충돌을 방지하고 안전한 어로 활동을 보장하기 위한 군사적 대책을 취해 나가기로 하였다.

(1) 쌍방은 2004년 6월 4일 제2차 남북장성급군사회담에서 서명한 '서해 해상에서의 우발적 충돌 방지' 관련 합의를 재확인하고, 전면적으로 복원·이행해 나가기로 하였다.

(2) 쌍방은 서해 해상에서 평화수역과 시범적 공동어로구역을 설정하기로 하였다.

(3) 쌍방은 평화수역과 시범적 공동어로구역에 출입하는 인원 및 선박에 대한 안전을 철저히 보장하기로 하였다.

(4) 쌍방은 평화수역과 시범적 공동어로구역 내에서 불법어로 차단 및 남북 어민들의 안전한 어로 활동 보장을 위하여 남북 공동순찰 방안을 마련하여 시행하기로 하였다.

4. 남과 북은 교류 협력 및 접촉·왕래 활성화에 필요한 군사적 보장대책을 강구하기로 하였다.

(1) 쌍방은 남북 관리구역에서의 통행·통신·통관(3통)을 군사적으로 보장하기 위한 대책을 마련하기로 하였다.

(2) 쌍방은 동·서해선 철도·도로 연결과 현대화를 위한 군사적 보장대책을 강구하기로 하였다.

(3) 쌍방은 북측 선박들의 해주 직항로 이용과 제주해협 통과 문제 등을 남북군사 공동위에서 협의하여 대책을 마련하기로 하였다.

(4) 쌍방은 한강(임진강) 하구 공동이용을 위한 군사적 보장 대책을 강구하기로 하였다.

5. 남과 북은 상호 군사적 신뢰 구축을 위한 다양한 조치들을 강구해 나가기로 하였다.

(1) 쌍방은 남북군사 당국자 사이에 직통전화 설치 및 운영 문제를 계속 협의해 나가기로 하였다.

(2) 쌍방은 남북군사공동위원회 구성 및 운영과 관련한 문제를 구체적으로 협의·해결해 나가기로 하였다.

(3) 쌍방은 남북 군사 당국 간 채택한 모든 합의들을 철저히 이행하며, 그 이행상태를 정기적으로 점검·평가해 나가기로 하였다.

6. 이 합의서는 쌍방이 서명하고 각기 발효에 필요한 절차를 거쳐 그 문본을 교환한 날부터 효력을 발생한다.

(1) 합의서는 쌍방의 합의에 따라 수정 및 보충할 수 있다.

(2) 합의서는 2부 작성되었으며, 같은 효력을 가진다.

2018년 9월 19일
대한민국 국방부장관 송영무
조선민주주의인민공화국 인민무력상 조선인민군 대장 노광철 최고 통수권자의 지시라고 안보가 무너져도 수명해야 하는가? 부당한 지시는 거부할 수 있다고 생각한다. 아니 거부해야 한다. 2017년 11월 18일 미국 전략사령관 존 하이튼 대장은 "도널드 트럼프 대통령이 북한에 핵미사일을 발사하라는 명령을 내리더라도 불법이라고 판단되면 따르지 않을 것"이라고 말한 것이 언론을 통해 보도되었었다. 도대체 우리 군 수뇌부는 무슨 짓을 하는 것인가! 불감증인가? 아니면 아무 생각이 없나? 9·19 군사 합의 당시 우리 군 정책부서에 있었던 수뇌부에게 이 책임은 반드시 물어야 할 것이다.

　　우리 군의 장교는 위관, 영관, 장성급 장교로 나뉜다. 위관 장교들은 나름 순수하다고 생각되지만, 영관장교부터는 진급을 위해 목숨을 건다. 일부 진급 대상자는 자신의 경쟁상대를 음해하기도 하며 평정권과 진급 지휘추천권을 가진 상관에게 잘 보이기 위해서나 그 상관과 관계있는 사람을 찾기 위해 노력한다.

　　물론 출신이 제일 중요하다고 생각한다. 또한 같은 출신이라면 보직이 중요하다고 본다. 예를 들어 총장비서실장, 장관정책실장, 합동참모본부 본부장급 등은 사관학교 출신들만이 보직된다. 그 직책에 보직된 자는 앞날이 보장되는 것이 현실이다. 소령, 중령, 대령을 거쳐 장군 진급을 한다.

　　하지만 장군도 다 같은 장군인가? 이왕 장군 진급을 했으면 4성 장군을 해야 한다. 왜냐하면 4성 장군이 되어야만 참모총장을 할 수 있기 때문이다. 4성 장군으로 진급이 되면 참모총장을 해 먹어야지, 참모총장 하고 나면 합참의장 해 먹어야지, 합참의장 해 먹고 나면 장관을 해 먹어야지, 장관 해 먹고 나면 비례대표 국회의원 한 번 해 먹어야지…. 참고로 군인들은 진급 심사가 끝나면 영관장교는 국방부장관에게 장군은 대통령에게 재가(裁可)를 받아야 한다. 그러니 대통령과 그 주변에 잘 보이기 위해 끈을 잡기 위해 온갖 노력을 하며 영향력이 있는 정치인들과 친분을 쌓기 위해 노력하는 군인들이 있는 것이다. 능력이 있어서 진급된 것인지 아니면 친분이 돈독해 진급된 것인지….

그래서 필자는 군 간부 출신들은 전역 후 최소 30년간은 정치를 하면 안 된다고 법으로 정해야 한다고 생각한다. 그리고 앞에서 언급한 대로 진급 체계를 개선하여야 한다고 생각한다. 향후 김일성 장학금을 받아 고위직까지 오른 군인을 반드시 색출하여 법의 심판을 받도록 해야 하며 잘못되어가고 있는 우리 군을 한시라도 빨리 제 위치에 놓아야 한다.

아래의 글은 2004년 6월 26일 산케이신문에서 보도된 기사를 필자가 인용한 것이다. 아래 주요시기별 '김일성 비밀교시'를 읽어보면 김일성의 혜안(慧眼)이 이리도 대단한지 감탄하게 될 것이며, 필자는 이 글을 읽을 때마다 등골이 오싹해진다. 여러분들도 이 글을 읽어보게 되면 누구라도 지금 우리나라의 시국이 이렇게 되어가고 있는 것이 갑자기 생긴 것이 아니라는 것을 알 수 있을 것이다. 읽다가 문맥이 어색한 부분도 있다. 필자 개인의 생각이 들어가지 않도록 하기 위해 자유 대한민국의 원수 김일성이 지껄인 말을 그대로 적어놓은 것이기에 이해해 주기 바란다.

주요 시기별 김일성 비밀교시

1969년 12월 : "지금 남조선에서는 5·16군사 쿠데타로 말미암아 폭삭 망한 사람들이 많습니다. 이들 모두가 박정희 군사정권에 대해 이를 갈고 있으며, 그중에는 정치인들도 있고, 구 관료도 있고 양식 있는 지식인, 종교인, 언론인들도 많은데 김종태(1958년생으로 1980년 6월 9일 서울에서 광주 사건을 알리던 중 형사에게 쫓기다 분신하여 사망함)와 같이 우리하고 선이 닿기를 기다리는 사람이 얼마든지 나올 수 있습니다. 문제는 우리 혁명가들이 대담하게 접근해도 좋은 대상을 물색해야 합니다. 김종태와 같은 사람 서너 명만 잡게 된다면 남조선에서 혁명을 일으키는 것도, 조국 통일의 대사변을 맞이하는 것도 시간문제입니다."

1973년 4월 : "남조선에서는 고등고시에 합격하기만 하면 행정부, 사법부에도 얼마든지 파고 들어갈 수 있는 길이 열려 있습니다. 앞으로는 학생운동에서 검열된 학생들 가운데 머리 좋고 똑똑한 아이들은 데모에 내몰지 말고 고시 준비를 시켜야 합니다. 열 명을 준비시켜 한 명만 합격하여도 소기의 목적은 달성됩니다. 그러니 각급 지하당 조직들은 대상을 잘 선발해서 그들이 아무 걱정 없이 공부에만 전념할 수 있도록 물심양면 적극적으로 지원해 주어야 합니다."

"중앙정보부나 경찰 조직에도 파고 들어갈 수 있는 구멍이 있습니다. 공채시험을 거쳐 들어갈 수도 있고 지연 등 인맥을 이용하는 방법도 있습니다. 남조선에는 김종필, 이후락, 윤필용 간에 치열한 삼각 암투가 벌어지고 있는데 이들의 압력과 갈등, 학연과 지연 관계를 잘 이용하면 권력 핵심부대로 얼마든지 파고 들어갈 수 있습니다."

1974년 1월 : "결정적 시기가 조성되었다 해도 그 시기를 포착하지 못하면 절호의 기회를 놓치게 됩니다. 4·19 때의 교훈을 되풀이하지 말아야 합니다. 그때 우리가 좋은 기회를 놓쳤던 것처럼 평양에 앉아서 무전으로 보고나 받아서는 서울에서 일어나는 결정적 시기를 제때 포착할 수 없습니다. 그러니까 혁명 정세를 자체로 분석 평가하고 전략 전술을 스스로 작성할 수 있는 노숙한 혁명가들을 파견하여 현지 당 지도부를 시급히 꾸려야 합니다. 조선 혁명을 모스크바에서 지도할 수 없듯이 평양에 앉아서 남조선 혁명을 지도한다는 것은 혁명 원리에도 맞지 않습니다."

1974년 4월 : "남조선에서 제일 뚫고 들어가기 좋은 곳이 교회입니다. 교회에는 이력서, 보증서 없이도 얼마든지 들어갈 수 있고, 그저 성경책이나 하나 옆에 끼고 부지런히 다니면서 헌금이나 많이 내면 누구든지 신임받을 수 있습니다. 일단 이렇게 신임을 얻어서 그들의 비위를 맞춰가며 미끼를 잘 던지면 신부 목사들도 얼마든지 휘어잡을 수 있습니다. 문제는 우리 공작원들이 남조선의 현지 실정을 어떻게 잘 이용하느냐에 달려 있는 것입니다."

"남조선에는 흔한 것이 교수, 박사입니다. 그 가운데 백이 든든한 몇몇 사람을 제외한 절대다수의 지식인들은 어렵게 박사학위를 따고서도 일자리가 없으므로 실업자나 다름없습니다. 요행 대학교수로 들어갔다 하더라도 인맥 관계에 밀리어 연구 활동의 기회가 하늘의 별 따기만큼이나 어렵다고 합니다. 이렇게 춥고 배고픈 교수, 박사들에게 접근하여 프로젝트를 하나 따주는 형식을 취한다면 그들을 얼마든지 끌어당길 수 있습니다."

1974년 12월 : 결정적 시기가 포착되면 지체 없이 총공격을 개시해야 합니다. 전국적인 총파업과 동시에 전략적 요충시대 곳곳에서 무장봉기를 일으켜 전신전화국, 변전소, 방송국 등 중요 공공시설들을 점거하는 동시에 단전과 함께 통신 교통망을 마비시키고 임시 혁명정부의 이름으로 북에 지원을 요청하는 전파를 날려야 합니다. 그래야 남과 북이 전략적 배합으로 혁명적 대 사변을 주동적으로 앞당길 수 있습니다.

1976년 4월 : "전태일의 분신자살! 이것이 얼마나 좋은 선동 자료입니까? 청계천 피복노동조합이라는 것이 보잘것없는 조직이지만 우리는 이 사건을 계기로 전태일을 영웅으로 만들고 추모사업회도 하면서 대대적으로 선전해야 합니다. 그래야 남조선 노동자들이 조직적으로 더 단결할 수 있고 그의 죽음을 헛되이 여기지 않고 그 정신을 본받게 됩니다."

1976년 8월 : "남조선에서 들여온 영화, 비디오를 보니까 거기에도 재능 있는 작가 예술인들이 많습니다. 그런데 그중에서 잘 나간다는 몇몇 작가들을 제외하고 절대다수가 실업자나 다름없는 형편입니다. 이들에게 혁명적 세계관을 심어주기만 한다면 훌륭한 걸작들이 얼마든지 쏟아져 나올 수 있을 것입니다. 작가 예술인들을 더 많이 포섭하여 직업적 혁명가로 만들고 그들이 외롭지 않게 똘똘 뭉쳐서 혁명적 필봉을 들고 창작활동을 할 수 있도록 묶어 세워야 합니다.

그리고 그들이 창작한 한 편의 시가 천만 사람의 가슴을 감동시키고, 총칼이 미치지 못하는 곳에서는 우리의 혁명적 노래가 적의 심장을 꿰뚫을 수 있다는 긍지와 자부심을 불어넣어 주어야 합니다. 지금 남조선의 문예인들이 아주 잘 싸우고 있습니다. 그들이 더 높은 혁명적 열의를 가지고 활동할 수 있도록 많은 교양 자료를 주고 창작 방법을 가르쳐 주어야 할 것입니다."

"남조선 인민들의 머릿속에 박혀있는 숭미 사대주의 사상을 뿌리 뽑고 그들을 정치적으로 각성시키기 위해서는 작가 예술인들로 하여금 미 제국주의의 침략적 본성과 야수적 만행, 그리고 비인간적 각종 범죄사실을 폭로하는 작품들을 많이 창작하게 해야 합니다. 그리고 그 작품들이 잘 팔리지 않을 경우에는 지하당 조직들이 책임지고 팔아주고 대대적으로 뿌려주어야 합니다. 그래야 그들이 실망하지 않고 더 좋은 작품을 창작할 수 있습니다."

"소설뿐만 아니라 영화도 만들고 시도 짓고 좋은 그림도 많이 그리도록 해야 합니다. 어떤 동무들은 돈이 많이 든다고 난색을 표한다는데 우리가 항일 빨치산 투쟁을 할 때, 돈이 있어서 〈피바다〉 극본을 쓰고 연극 공연을 했겠습니까? 그러나 지금은 북반부에 강력한 사회주의 혁명 기지를 가지고 있습니다. 무엇이 두려워 주저하겠습니까? 돈 드는 거 아까워하지 말고 대담하게 일을 벌여야 합니다. 남조선 인민들을 정치적으로 각성시키고 혁명 투쟁에 동원할 수만 있다면 억만금을 들여도 해야 합니다."

"남조선 혁명의 결정적 시기는 저절로 오지 않습니다. 혁명 정세는 오직 혁명가들이 끈질긴 노력에 의해 성숙됩니다. 혁명의 객관적 정세가 아무리 성숙했다 하더라도 혁명들이 주동적으로 조성하지 않으면 결정적 시기는 절대로 오지 않습니다. 혁명적 대 사변을 주동적으로 맞이하기 위해서는 각종 형태의 대중 투쟁을 적극 조직 전개하여 적들의 강경 탄압을 유도해야 합니다. 경우에 따라서는 시위 도중 경찰에 의해 살해된 것처럼 위장하여 자해 공작을 할 필요도 있습니다. 시위군중들이 동료들의 피를 보게 되면 격렬하게 일어나기 마련입니다."

(출처; 김용규, 『태양을 등진 달바라기』(글마당 참조)

〈김일성의 비밀교시〉는 이 밖의 광범위한 분야를 망라하고 있다고 하며 지금도 마음만 먹는다면 누구라도 인터넷 검색만으로도 이런 자료들을 충분히 접할 수 있다.

필자의 말대로 이 비밀교시를 읽고 나니 어떤가? 정말로 소름이 돋는 이야기들이 아닌가? 우리나라 지도층 중에 김일성과 같은 혜안을 가진 인재가 없다는 것이 너무나 안타까울 뿐이다. 지금 우리나라의 상황이 이렇게 될 수밖에 없는 것은 당연하다고 생각된다.

김일성 비밀교시를 실천하기 위한 그들이 대한민국의 어디까지 침투해서 활동하고 있는지 모른다. 정신을 바짝 차려야 한다. 반드시 색출하여 심판을 받게 해야 한다. 그리고 일부 우리 국민들의 집 나간 정신도 되돌아오도록 해야 한다.

아는 것도 많고 입도 싼, 참 잘난 군인

2015년 4월 우리는 북 미사일 대응 4D 작전에 대하여 언론을 통해서 처음으로 접했다. 당시 한미 연합훈련이 진행 중이었고 연습 종료 선언 전 당시 연합사령관 커티스 스캐퍼로티 장군이 한국 합참의장에게 4D 작전을 언론에 유출한 인원을 찾아서 반드시 처벌하라고 지시하였다. 본인이 연합사에서 근무했던 시절이었고 화상으로 직접 목격한 사실이다. 물론 한국 합참의장은 죄송하다고 하였으나 그 후 유출 인원을 찾거나 조처를 하지는 않았다. 주둥아리로만 말한 것이다.

언론에 유출한 인원은 당시 합참에 근무 중인 장성급 간부였다는 것은 많은 현역이 알고 있었던 사실이었다. 무슨 의도로 언론에 유출하였을까, 입이 근질근질했나, 자랑하고 싶었나, 아니면 북에 알리고 싶었나? 아직도 생존해서 근질근질한 입을 놀리기 위해서인지 모르겠지만, 이곳저곳 기웃거리며 본인의 이름을 알리려 하고 있으니 본인에게 물어보는 것이 정답이 아닐까?

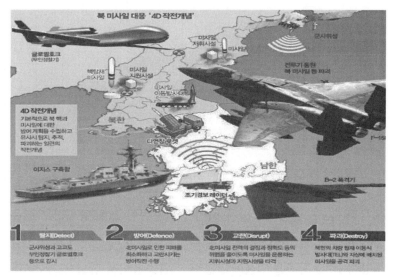

〈2015년 4월 당시 언론에 유출된 우리의 북 미사일 대응 4D 작전 개념도〉

2010년 3월 26일 천안함이 폭침당해 46명의 젊은 용사와 이들을 찾기 위해 수색하던 준위 1명도 사망하였다. 예비역 장군들과 군사전문가라는 인간들이 너도나도 언론에 출연하여 발언하는 모습을 보았을 것이다. 그동안 끊었던 욕이 절로 나온다.

당시 그 사람들의 발언들을 통하여 지역별 해군기지에 보유하고 있는 해군자산이 모두 공개되었었다. 이것은 세월호 침몰 때도 마찬가지였다. 어느 항에서 어느 함정이 현장까지 오는 동안 몇 시간이 소요되느니 그렇기에 어느 항에 있는 어떤 상륙함이 와야 한다느니 이런 내용이 언급되었었다.

가만히 TV만 보고 있어도 대한민국 해군전력을 한눈에 알 수 있을 정도로 전문가들이라는 사람들과 언론들은 동네방네 다 떠들고 다녔다. 아마도 김정은과 북괴군도 자세히 알게 되었을 것이다. 그 나라 팔아먹는 사람들과 이에 한 몫 거드는 언론은 천안함 설계도(일부 전문가는 친절하게도 아주 상세하게 3D로 공개함)도 또한 공개하였다. 물론 천안함과 비슷한 규모의 함정들의 약점도 공개하였다.

상식적으로 생각해도 함정의 설계도면은 최소 대외비 이상으로 관리되고 있었을 것이다. 설계 당시부터 관련 민간인들의 사상을 검증하기 위한 신원조사를 실시하였을 것이며, 그 신원조사 결과를 가지고 그들을 비밀 취급이 가능한 가능한 인원으로 지정하였을 것이고, 또한 설계 당시 수없이 나왔던 파지 한 장이라도 철저하게 파쇄처리하였을 것이다. 설계 도서를 인쇄하여 발주한 조선소에 넘길 때도 마찬가지였을 것이다. 이렇듯 모든 것들을 외부로부터 완벽하게 보호했을 것이다.

그런데 왜 예비역 장군들이며 우리나라의 군사전문가라는 그들은 언론에서 공개했을까?, 지식 자랑?, 입이 근질근질해서?, 북괴군이 전쟁이 나면 대비해서 우리나라를 공격하는 데 써먹으라고? 언론에 나와서 공개한 사람만이 알 것이다.

언론은 또 어떤가? 마찬가지다. 매국 언론이다. 이런 것들을 아무 생각 없이 보는 우리 국민도 문제지만 가장 큰 문제는 이러한 사실에 대하여 아무 느낌이 없어서 그런지 혹은 생각이 없어서 그런지 한마디도 못 하며 꿀 먹은 벙어리처럼 가만히 있었던 우리 군인들이 더 문제이다. 그들은 왜 가만히 있었을까? 떠드는 선배들에게 예의를 지키기 위해서 그랬나? 아니면 왜 그랬을까? 국가에서는 안보 불감증인지, 김일성 장학금을 받아 고위직에 올라 김가에게 보은하려 하는 것인지 모르겠다.

그래서일까? 한미 연합부대에서 북한 정보 관련 회의나 토의 시 US Only라고 표시하고 한국군은 참석시키지 않는다. 당연히 한국군 장군도 참석하지 못한다. 창피한 현실이다. 그런데 우리 군을 이끌어 가시는 양반들은 왜 모를까? 알고는 있지만, 창피해 모른 척하는 걸까?

제발 그 입들 좀 닥치고 가만히 있어라.

유년 시절 계모에게 매 맞으며 자란 군인?

우리 군은 왜 자꾸 언론의 눈치를 보는 걸까? 김일성 장학금을 받고 성공한 언론인이 군을 폄훼하기 위해 기사화를 하는 것에 대해 왜 조용한 것인가? 마치 어릴 적 계모에게 매 맞고 눈치 보며, 불우한 유년기를 보내면서 성장한 사람들이 우리 군을 이끄는 것 같은 생각이 자주 든다. 요즘은 '육대전(육군훈련소 대신 전해드립니다)'이 대세라고 하더만, 그래서 그런지 군인권센터장인지 뭔지 하는 이가 조용한 것 같다.

예를 들어 군 체력단련장(골프장)을 보자. 왜 장군들이 관용차량을 타고 군 체력단련장을 이용하면 안 되는가? 군 체력단련장은 위수지역이 있는 군인들이 휴일에 위수지역을 이탈하지 말고 체력을 단련시키라고 만들어 놓은 시설이다. 비상대기를 자주 해야 하는 공군부대는 더 많이 갖춰져 있다. 이는 국가가 "너희들은 비상대기도 해야 하고 위수지역을 벗어나면 귀대하는 데 시간이 걸려 작전에 차질을 줄 수가 있다. 그래서 군 체력단련장을 만들어 줄 테니 운동하며 체력을 증진해라. 또한 비상시에는 즉시 귀대가 가능한 부대 인근에 만들어 주겠다." 하여 만들어 놓고 군인들과 그 가족들에게는 이용료를 저렴하게 받고 제공하는 시설이 군 체력단련장(골프장)이다.

비상시 바로 귀대해서 상황을 파악하고 지휘 조치나 참모 조치를 해야 하는 장군들이 관용차를 이용하는 것은 당연한 일인 것을 군을 적폐 세력으로 몰기 위해, 마치 사적으로 사용한다며 여론몰이로 선전 선동하는 못된 언론과 이에 죄인이라도 된 듯 관용차량을 이용하여 군 체력단련장 출입을 금지하는 지침을 내리는 우리 군의 수뇌부, 정말로 성장 과정에 문제가 있는 것 같다.

이런 언론들은 군의 사기를 내동댕이치기 위해서 또 일반인들이 군에 대해 좋지 못한 시선을 갖도록 하고 비상시 상황 파악과 조치를 적시에 못 하도록 하기 위해 조장하고 있으며 이에 군의 높은 양반들께서는 자칫 자신의 이름이 언급되어 다음 진급에 누가 될까 봐 에어컨 실외기 같은 언론의 눈치를 보며 정말이지 정신도 못 차리고, 말도 안 되는 지침을 내리고 있는 모습을 보니 너무나 웃기는 노릇이다.

전투복에 태극기 달기는 어땠는가? 평시에는 칼러 태극기를 훈련할 시에는 위장 색 태극기를 우측 팔에 붙이라는 복제 규정이 나온 직후 언론은 접적 지역에서 무슨 칼러 태극기냐며, 여론을 선동했고 칼러 태극기 부착에 대한 부정적인 댓글들이 달린 직후 우리 군에서는 바로 휴가자와 행사 참석인원을 제외한 모든 육군은 위장용 태극기를 부착하는 것으로 지침이 바로 바뀌어 시행하였다. 그러다 보니 태극기를 거꾸로 붙이고 다니는 장병이 있게 되고 이를 본 국민들에게 지적을 받고 언론에 보도된 사례들도 있었다. 지금은 다시 처음으로 돌아가 평시에는 칼러 태극기를 패용하고 복무를 하고 있다.

최근 많은 부대가 기부채납 방식으로 지원을 받아 카페를 만들어 영내에서 운영하고 있다. 아니 이들 중 폐쇄한 부대들도 많다. 부대별로 커피 가격이 다를지 몰라도 필자가 근무하던 부대에서 운영하던 카페의 아메리카노 가격은 한잔에 1,300원(아이스 아메리카노도 동일)이었다. 오전 10시부터 저녁 8시까지 운영하였다.

아메리카노 뿐만 아니라 요거트, 스무디 등 다양한 음료들과 조각 케이크 등도 저렴하게 판매하였다. 스타O스, 파O꾸치 등 전문점에서나 먹을 수 있는 그런 맛이었다. 그곳에서 일하는 인원은 당연히 병사들이었다. 바리스타에 관심이 있었던 병사들을 선발해 두 명 정도씩 근무했었다. 많은 장병이 더운 날에는 시원한 음료를 먹기 위해 이용하였고, 추운 날에는 경계, 제설, 주둔지 정비 등 야외 활동으로 인하여 차가워진 몸을 따뜻한 차 한 잔으로 녹이기 위해 이용하였다. 당연히 병사들이 더 많았고 인기도 좋았다.

하지만 2017년, 육군 대장이 공관병에게 갑질을 했고 편제보다 초과하여 병사를 이용하고 있었다며 언론에서 대서특필하였다. 여

PART 01 군인이 49
군인에게 말한다

기에 가만히 있으면 우리 대한민국 육군이 아니다. 바로 지침을 내려 운영 중인 카페들을 폐쇄하고 지원을 나갔던 병사들을 바로 원부대로 복귀시켰다. 기가 차서 말문이 막힌다. 비인가이지만 그곳에서 운영되는 두 명의 병사들은 육군 대장 한 사람을 위해서가 아닌 많은 병사를 위해 있지 않은가!

그 카페가 얼마나 많은 병사의 사기진작과 복지에 도움이 되었는데, 한순간에 없애야 했던가! 부대 장병들을 위한 것인데 어느 누구하나 책임지고 계속하려고 하지 않았다. 다수 병사를 위한 일인데도 상급 부대의 지시니까 그냥 하는 것이다. 공관병에게 갑질했다고 재판에 넘겨졌다가 무혐의 처분을 받았던 전 육군 대장을 욕하는 것이 아니다. 국방개혁이란 명목으로 병력 수를 줄이기 위해 운전병들과 공관병, 행정병들부터 편제에서 먼저 줄이고 있는데 그 넓은 공관은 누가 관리하나?

그 공관은 국가의 재산이다. 당연히 관리해야 하는 것 아닌가? 좁은 곳으로 옮기라고? 멍청한 소리들 하지 마라! 경호와 신속한 부대 복귀를 위해 대부분 부대 내에 지어놓은 것이고 부하들 격려 그리고 외부인 접견 등에 필요해서 그 크기로 만들어 놓은 것이다.

그런 논리라면 국회의장, 대법원장 등 기관장들의 공관도 줄여라. 군대가 봉인가? 만만한가? 대한민국 국군은 자유 대한민국을 전복시키기 위해 호시탐탐 노리고 있는 북괴와 대치 중인 사람들이다. 군인들의 사기를 떨어뜨리는 언행을 삼가고 그들에게 고마워해야 한다.

故 변희수 하사의 문제에 대해서 우리 모두 다시 한번 신중히 생각해 볼 필요가 있다고 생각한다. 고인을 모욕하기 위해서가 아니다. 최근 故 변 하사의 강제 전역 처분이 부당하다고 1심에서 판결을 했고 항소를 하려 한 국방부가 박범계 법무부 장관의 지휘에 항소를 포기했다고 한다. 1심 재판부도 박범계 장관도 여론도 잘못됐다. 만약 여성으로 성전환 수술을 한 남군에 대하여 강제 전역을 못 시킨다면 그들은 계속 복무가 가능하며 아마 대부분이 계속 복무할 것이다.

그러면 태어날 때부터 성별이 여성이었던 주변 사람들의 입장은 어떨까? 훈련 시에는 같은 텐트에서 자야 하고 탈의하고 같이 씻고 같은 여성 편의시설을 이용해야하는 그들의 입장은 생각해 보았는가? 왜 논쟁거리가 되는 것들에 대해서 한 면에만 관심을 두고 중심도 못 잡으며 눈치를 보며 행동하는가? 언론에 따라 흔들리는 우리 군 수뇌부의 마음은 갈대인가보다. 보면 볼수록 가관이다.

군인이 정치권의 요구에 찍소리도 못하고 필요한 조직까지 줄이는 눈치 보기에 급급한 우리 군, 이 얼마나 한심한 일인가! 이솝우화 중 '부자와 당나귀'가 생각난다.

따라쟁이들?

한미연합사에 근무했던 한국군은 미군의 좋은 제도들을 많이 본다. 또 그들의 좋은 제도를 한국군에 적용시키고 싶어 한다. 나 또한 그랬었다. 하지만 우리 군에 적용시킬 수 있는 것이 있고 불가능한 것이 있다. 예를 들어 미군들은 이른 아침에 PT(Physical Training)를 하고 있다. 우리 군도 조조체력단련(早朝體力鍛鍊)이라고 명하고 이를 적용시키기 위해 총장부터 노력하였으나 지금은 없어진 지 십여 년이 지났다. 미군은 가능하다 CAMP 내 집이 있으며 운동 후 집에 가서 씻고 아침 식사 후 출근한다. 출근 시간도 상당히 여유가 있다.

하지만 우리 군은 어떤가? 부대별 영내 숙소는 노후되어 거의 사용하지 않고 있거나 철거한 곳이 많으며 사용 가능한 숙소라도 간부 대비 턱없이 부족하다. 그리고 대다수 부대의 간부 숙소가 지역별로 통합되어 살고 있다. 제한사항이 많은 것은 당연하다. 새벽에 운동하면 어디서 씻어야 하며 어디서 식사를 해야 하는가? 제발 좋은 제도라고 해서 여건도 고려하지 않고 무턱대고 따라 하지 맙시다. 그 역시 오래전 참모총장이 바뀌자마자 사라졌다. 지금은 이야기도 없다.

또 하나는 예전부터 육본, 작전사급 부대 등에서는 사무실 내 과장 사무실 벽을 모두 없앴다. 그리고 파티션(간이 칸막이)을 설치해놓고 업무를 추진한다. 실무자와 과장급 인원이 원스톱으로 업무를 추진할 수 있다는 장점이 있고 과장들이 문을 닫아 놓고 졸거나 애먼 짓거리를 하지 못 하게 한다는 장점이 있다고 해서 추진하고 있는데 이를 본 일부 지휘관들께서는 중대급, 대대급도 실시하라고 강조하였던 상급 부대에서 하는 것을 따라 하는 것을 좋아하던 분들이 있었다. 지휘관이 있는 사무실이나 주임원사실의 벽을 없앴다면 병사들이나 초급 간부들의 개인 면담은 어떻게 하라는 것인가? 그렇게 생각했던 사람들의 머리를 CT 촬영을 해보고 구성품들이 제대로 들어 있는지 살펴봐야 한다. 상급 제대나 상급자가 추진하는 것들을 무조건 따라 하시는 높으신 양반들에게 계속 복무 적합 여부를 확인하기 위해 병원에 가서 CT 촬영을 해볼 것을 강력히 권한다.

2017년 당시 육군참모총장 지시로 부사관 정예화에 대하여 시범 부대도 선정하고 부대별 토의도 하는 등 생쇼를 하고 있었던 적이 있었다. 내용은 미군과 유사하게 부사관들이 교육 훈련을 전담토록 하자는 내용이었다. 상급 지휘관 주관으로 토의하는 중에 필자는 이렇게 언급하였었다. "훌륭합니다. 하지만 부사관들이 마징가입니까? 건전지 갈아 끼우면 365일 24시간 움직입니까? 교육 훈련 하나만 놓고 보면 가능합니다. 하지만 부사관들의 평균 업무 소요 시간을 판단해보면 하루 24시간도 부족합니다. 안전 순찰해야지, 신병이 전입해오면 면담하고 기록해서 근거를 남겨야지, 급양 감독해야지, 환경 정리 해야지, 선탑 해야지… 육본 주임원사는 뭘 하고 있는지 모르겠습니다. 총장님 지시라도 야전부대 현실이 이렇기 때문에 제한된다고 조언을 드려야지…"

제도만 놓고 보면 훌륭한 제도이고 대한민국 육군도 지향해야 할 제도이다. 하지만 무조건 따라 하지만 말고 우리 여건에 맞는지 확인하고 고민해야 한다. 그리고 여건에 제한되면 여건을 마련해 주든지 해야지. 그래서 필자는 우리 군인들을 '따라쟁이'라고 하는 것이다. 부사관 정예화도 참모총장이 바뀌자마자 바로 없어졌다.

상급 부대의 통제로 모든 부대가 지역경제 활성화를 위해 월 1회 이상씩 통통데이(지역경제 활성화를 위해 지역주민과 지역에 주둔하는 군인이 서로 '통'하는 날이어서 '통통데이'라 칭했다. 즉 군인들이 지역음식점에 가서 음식을 사 먹어 지역 경제에 도움을 주라는 날이다. 월 4회씩 실시하다가 우한 코로나로 인하여 지금은 미실시 하고 있다.)를 시행하고 있다. 그날이 오면 간부들은 점심 식사를 밖에 나가 지역 내 음식점에서 사 먹어야 한다.

상급 부대에서 시행하고 있다고 중대급 이하 각 제대까지 실시하고 있는데 높으신 분들은 본인들이 사용할 수 있는 운영비로 밥도 사주고 당신들 밥도 쳐드실 수 있지만, 나머지 간부들은 한 끼에 7, 8

천 원씩 하는 밥값도 부담이 되고 개인차량이 없는 초급 간부들인지라 점심 한 끼 먹자고 부대 밖으로 나가기도 힘들다. 그런 이유로 굶는 사람도 있다. 참고로 부대 식사는 병식으로 전환하여 먹기에 중식 한 끼에 3천 원 정도씩 개인이 지불하며 먹고 있지만, 초급 간부들의 '통통데이'는 부담이 되는 것이 현실이다.

필자 역시 '통통데이'에 부하들을 데리고 나가서 같이 먹기도 했는데 내 돈으로 사주어야지 얻어먹나? 아니면 더치페이? 없어 보이게. 필자는 부하들에게 너무 많이 일을 시켜 미안해서 그런지 매번 사주게 되더라. 육군 하사의 봉급이 최저생계비에도 못 미치게 받는 걸 모르시나? 그냥 상급 부대나 하세요. 지역경제는 도움이 될지 모르지만, 개인과 가계경제는 파탄 납니다.

계급이 높아지면 부하들에 대한 배려심을 어디에 두고 다니시는지 모르겠다. 하급자들에겐 그렇게나 역지사지(易地思之)를 강조하면서, 뜻도 모르며 강조만 하나? 백번 양보해서 밥값도 좋고, 더운 여름날이나 비가 억수 같이 많이 올 때나 한겨울 너무 추워 고추가 떨어질 것 같은 날에도 걸어서 밥을 먹으러 가는 것도 좋다고 치자. 하지만 누구를 위한 날인가? 지역에서 군인들 우대하는 곳은 있는가? 간부는 간부니까 그렇다고 해도 병사들이 식사해도 고생이 많다며 공깃밥 한 그릇 더 먹으라고 주는 곳도 없더라. 2019년도 포천시 모텔의 숙박비는 1박에 10만 원씩 한다며 병사들 부모님들이 오셔서 특별외박을 조치해 주려 하니 숙박비가 너무 많이 든다며 나중에 휴가로 보내 줄 수 없냐며 건의를 하더라.

한번은 병사들의 평일 외출 시행과 관련하여 양주지역 PC방 주인들이 사용료를 한 시간에 1,500원으로 올려 언론의 질타를 받은 적이 있었다. 같은 주제로 참모장 주관으로 토의를 하였는데 모 지휘관이 "우리 운천 지역은 40분에 1,000원으로 양주보다 비싼 것은 아닙니다."라고 답변을 하더라. 문과 출신인가? 계산을 못 하나? 아니면 한 시간이 60분이라는 것을 모르나? 야 이 친구야 40분에 1,000원과 한 시간 즉, 60분에 1,500원은 같은 것이야! 물론 당시 가만히 있을 필자가 아니었다. "계산기 줄까? 아니면 비례식으로 풀어줄까? 다 같은 20분에 500원이라고!"라며 깨달음을 주었던 기억이 난다.

　　경기도 포천시 영북면 운천리만 해도 2021년도 미용실 남성 커트 비용이 카드 기준 1만 2천 원이다. 건물임대료가 훨씬 더 비싼 세종시에 있는 미용실에서도 카드로 계산할 때 만 원 받는다. 군인을 호구로 생각하는 사람들이 너무 많다. 군인들 등에 빨대를 꽂아놓고 힘들이지 않고 자신의 주머니만 채우려고 하는 군사도시 지역의 이적행위를 하려는 상인들아! 당신들은 군인들의 사기를 떨어뜨리라는 북괴 김정은의 지령이라도 받았는가? 김정은이 좋아할 만한 짓거리 좀 그만하자.

　　우리 군의 계급 높은 양반들아! 이런데도 당신들은 따라쟁이를 계속할 것인가?

오입쟁이

오입쟁이란 흔히들 아내가 아닌 여자와 성관계를 가지는 남자를 이야기한다. 제목을 보고 착각하는 사람이 있을 것이다. 오해 말기를 바란다. 오입(誤入)과 쟁이를 풀어서 설명하자면 그르칠 오(誤), 들 입(入)+쟁이(어떠한 속성을 많이 가진 사람)이란 뜻이다. 여기서 입(入)에는 '벼슬하다'라는 뜻도 있다. 그래서 필자는 잘못된 벼슬을 하는 사람 즉, 신세대 간부들을 오입쟁이라고 표현하고 싶은 것이다.

간부들은 임관할 때 부사관은 원사를, 장교는 병과 별로 최고의 계급을 꿈꾸며 임관한다. 거기까지는 이해할 수 있다. 누구나 할 수 있을 만한 당연한 생각이다. 하지만 '병사생활이 힘들 것 같아서나 병사들보다 봉급이 많으니까'라는 생각으로 간부의 길을 가려 한다면 '국가 안보를 좀먹고 대군 신뢰를 해하라는 북괴의 지령을 받은 자'라고 감히 말하고 싶다.

최근 임관하는 간부들은 도대체 어떠한 사명을 가지고 군 간부의 길을 선택하는지 모르겠다. 초급교육을 받고 자대에 배치된 초급 간부들을 보면 사명감이 없다. 단기복무자들은 복무 연장이나 장기를 위해 지휘관에게 잘 보이기 위해서만 노력한다.

전투를 준비하고 전쟁이 나면 최전선에서 적과 싸울 전투기술을 익히는 등 팀워크를 다지는 훈련과 체력단련에 매진해야지, 왜 점점 이런 초급 간부들이 늘어나는 것일까? 우리 군의 앞날이 점점 걱정된다. 이는 국가적으로 큰 손실이라고 생각한다. 그들만 그런 것인가? 출신을 떠나서 우리 군의 많은 고급 간부들이 잘못된 길을 가고 있다는 생각이다. 굳건한 안보를 바탕으로 적과 싸워 이길 준비를 해야 하지만 자신의 진급만을 위해 노력하고 진급에 비선이 되면 상급자를 원망하고 자신의 능력과 그릇을 생각하지 않고 늘 남탓만 한다.

그리고 그들은 전역할 때가 되면 거의 아무 일도 하지 않으려고 한다. 자유민주주의를 지키기 위해 국방을 튼튼하게 하기 위해 노력해야 하지만 많은 사람들이 자신의 출세에만 눈이 멀어 있다. 확실히 우리 군은 잘못된 방향으로 가고 있다.

국방부 장관이란 사람은 어디까지 더 오르려 하는지 정권의 눈치만 보며 북한 인권을 위해 자신의 목숨을 걸고 대북 전단을 살포하려는 단체들의 행위에 대해 군에서 먼저 통제하도록 지시하고 또 적의 도발에 침묵하며 언제까지 정권의 눈치를 보며 미상의 발사체라고 국민들을 우롱할 것인가! 국방부 장관을 비롯하여 그 아래에 있는 수많은 장성도 함구하고 있다. 잘못된 길을 가고 있는 그들 때문에 대한민국 국방이 무너지고 있다. 이대로 간다면 수많은 선열들이 목숨을 걸고 지킨 자유민주주의 대한민국은 결국 무너질 것이다.

그들은 왜 잘못된 벼슬을 하려 하는 것인가? 지금도 늦지 않았다. 하루라도 빨리 정신을 차려서 대한민국 국방을 위해, 또 이 나라 자유 대한민국을 위해서 올바른 소리를 내고 올바른 행동을 하여야 한다.

안보에는 관심 없다. 국가관도, 애국심도 없다.
오로지 진급

군인은 계급별 나이 정년이 있다. 예를 들어 원사는 만 55세까지
대위는 만 39세까지 소령은 만 45세까지 근무할 수 있다. 그 이상은
더 있고 싶어도 있을 수가 없다. 그래서만은 아니지만, 현재 우리 군
의 간부들은 진급을 위해 노력한다.

혹 진급에 탈락이 되고 나이 정년이 도래되어 전역하면 어떤가?
그게 인생에서 실패한 것인가? 대부분 군인은 진급선발에서 탈락하
면 인생이 끝난 줄 알고 괴로워하고 또 창피해한다. 무엇이 괴롭고
창피한 일인가? 내가 군에 있는 동안 자유 대한민국을 수호하기 위
해 최선을 다했고 동기들보다 조금 부족해서 진급에 탈락한 것으로
생각해야 한다.

물론 만 39세, 45세의 전역은 어정쩡한 나이임은 분명하다. 하지
만 얼마나 흥분되는 일인가? 제2의 인생을 설계하고 긴장감 없이 살
아갈 수 있다는 사실이! 또한 이제는 내가 해보고 싶은 일을 시작할

수 있다는 생각과 준비과정에서의 설렘, 하지만 불확실한 미래이기에 많이 걱정되는 것은 사실이지만 마음만은 여유 있게 지낼 수 있다. 언제 소집될지 모르는 그런 긴장감을 느끼지 않고 살 수 있다는 사실만으로도 흥분되지 않는가? 필자만 그리 생각이 되는 것인가? 아니 국가가 이제는 내가 필요 없다고 하는데 아니 싫다고 하는데 굳이 끝까지 남아서 조금이라도 있으려는 이유가 있는가? 군대가 아닌 이성이었다면 분명 스토커라고 고발을 당했을 것이다.

많은 군인이 필자와 같은 생각을 하고 있지 않다고 생각한다. 그래서 그런 걸까? 특별히 일도 없는데 사무실에서 야전침대를 설치해 놓고 불을 켜 놓은 채로 잠을 자며 상관에게 "나 이렇게 열심히 일하고 있습니다. 제발 진급시켜주세요!"라고 보이기 위해 노력하는 일부 간부가 아직도 존재한다. 많은 부대에서 상급자가 퇴근 전이면 일이 없어도 사무실에 남아 상급자가 퇴근하기만을 기다리며 군 인트라넷으로 동기와 근무했던 동료들의 근무지나 검색하든지 급여 사이트에 접속하여 급여나 예상 퇴직금 조회나 하는 우수한 군인들이 우리 주변에 많이 있어…, 캬하~ 너무나 든든하다. 그럴 시간에 밖에 나가서 뜀걸음이나 하며 체력단련을 시키면 좋으련만.

아니면 "먼저 퇴근해보겠습니다."라고 용기 있게 말하고 퇴근하든지, 역시 진급이 무섭긴 무섭다.

우리 군의 진급 체계는 한 해에 두 번 상관에게 평가받는 전·후반기 정기 평정과 교육성적(부사관인 경우 초급반, 중급반, 고급반, 위관장교인 경우 초군반, 고군반, 영관장교인 경우 합동군사대학), 매년 실시되는 체력측정과 양성평등 교육 이수 여부, 표창 점수, 그리고 진급 해당연도 상급 지휘관에 의해 서열이 정해지는 진급 지휘 추천(한 부대나 부서에서 근무하는 동일 또는 기능별 유사한 병과의 진급 대상자들을 묶어 서열을 줌)이 진급의 당락을 좌우한다고 생각한다.

이중 가장 큰 비중을 차지하는 것이 매년 2회 상급자에게 평가받는 평정과 지휘 추천제도이다. 특히 육군에서 매년 하달되는 진급 지시 중 지휘 추천의 평가 세부 기준에 등급이 '중'층 이하인 자는 부정적인 것으로 평가한다고 명시되어 있다. 아니 그럼 '상'층으로 평가받으면 되지 않나? 라고 생각할 수 있지만 대상자 중 30%만이 '상'을 받을 수 있고 나머지는 '중상' 이하를 받을 수 있다.

즉 진급 대상자가 세 명이라면 그 중 한 명만이 상을 받을 수 있다는 것이고 진급에 대한 희망을 품을 수 있다는 것이다. 그러니 윗사람에게 잘 보이려고 노력할 수밖에 없는 것이다. 회의 석상에서는 소위 찍히면 진급에 영향을 줄 것 같으니 예스맨이 되는 것이고 회식을 하게 되면 존경하고 사랑한다는 말만 하는 것이 지금 우리 군의 현실이다. 그러니 업무는 아래 조직에 맡기고 인사권을 갖고 있는 사람에게 잘 보이기 위해 혼신의 힘을 다할 수밖에 없지 않겠나!

이해한다. 정말로 훌륭한 군인이다. 사관학교 출신이라고 소신 있는 발언과 행동을 할 수 있을까? 야전에서는 가능하더라. 왜? 일 년에 배출되는 인원들이 타 출신보다 상대적으로 적기 때문에 야전에는 계급이 높아질수록 동기들이나 동일 계급의 같은 출신 선후배들이 별로 없기 때문이다. 장성급 지휘관들 대부분도 사관학교 출신들이 상당수인데 조금 부족한 후배라도 당연히 챙겨주어야 하지 않겠나! 국방부, 합참, 육본, 연합사 같은 정책부서에서의 그들은 굉장히 조용하다. 소신 있는 발언을 했다가는 자칫하면 진급(많은 동기들과 같이 근무하므로 자칫 상관의 눈 밖에라도 나면 평정이나 지휘 추천을 못 받기 때문에)에 영향을 받기에 쥐 죽은 듯 조용하다.

　부사관이라고 다를까? 그래도 중사 때까지는 어느 정도 순수하다고 생각한다. 상사들은 원사 진급을 위해서 주임원사에게 팬티까지 벗어서 충성을 다하며 원사 진급을 바라고 원사 진급 후에는 주임원사 자리에 앉기 위해 열심히 투쟁 중인 수많은 부사관들의 고생은 옆에서 보기 안타까울 뿐이다. 주임원사란 직책이 가문의 영광인가보다. 하지만 주임원사는 다 같은 주임원사인가? 대대 주임원사는 여단 주임원사가 되기 위해서 열심히 사·여단 주임원사에게 충성을 다한다. 라인이라나 뭐라나. 제발 그럴 시간이 있으면 후배 부사관들에게나 인간적으로 잘해주세요. 그래서 원사들은 진급 후 딱 5년만 근무시켰다가 전역시켜야 한다. 그래야 적체되어 있는 후배 부사관들의 진급이 보장될 것이기 때문이다.

　또한 원사들 몇 명만 전역 시기를 앞당긴다면 많은 하사들의 장기 선발이 가능하게 된다. 그리된다면 그 인원 중 유능한 하사들이 장기 지원에 탈락하여 어쩔 수 없이 군을 떠나는 일이 줄어들 것이다. 대령들도 마찬가지다. 1차, 2차, 3차, 이렇게 3번만 장군 진급에 도전할 기회를 주고 탈락한다면 과감하게 전역시켜야 한다. 그래야 절약된 예산으로 더 많은 중위, 대위들이 복무 연장이나 장기에 선발되고 그들 중 인재들이 상위계급에 진출하게 되어 우리 군을 발전시킬 수 있지 않을까?

준장보다 더 오래 군 생활을 할 수 있는 우리 변(便) 대령님들, 당신들 몇 명의 봉급만으로도 더 많은 초급 장교들의 복무 연장과 장기복무가 가능하다. 대령들에게는 영수증이 필요 없고 회계감사에서조차 확인하지 않는 직책 수당을 받는다. 지금은 모르겠지만 몇 년 전까지만 하더라도 매월 약 60여만 원 정도가 지급되었던 것으로 기억한다. 대령은 정책부서(합참, 육본 등) 과장급이다. 과원들이 많다 보니 지급되는 이 돈으로 회식 등 과원들의 사기진작에 사용하라고 만들어 주었지만 많은 분들이 봉급은 모두 집에 줘서 집 사느라 받았던 대출금 등을 상환하는 데 이용하고 직책 수당은 개인 용돈으로 생활한다. 이런 분들은 제발 빨리 전역하세요.

그래서 필자는 우리 군의 진급 체계가 개선되어야 한다고 말하는 것이다. 그래야만 열심히 일하고 성과를 내는 군인이 선발되어 우리 군을 옳은 방향으로 이끌 수 있다고 생각한다. 외부 평가는 불가능 하더라도 여러 가지 현실적인 방법이 있을 것이다. 예를 들면 하급자에 의한 평가가 반영되는 다면평가를 부활시키고 검증체계를 보완한다면 진급한 모두가 그렇지는 않겠지만 하급자를 인격적으로 대하고 업무를 이상 없이 추진하는 능력있는 우수한 인원이 전역하고, 하급자에게 함부로 대하고 윗사람만 바라보며 일하는 사람들이 진급되는 이런 잘못된 결과가 나오는 것은 어느 정도 방지할 수 있지 않을까 생각된다.

항공병과는 더 가관이다. 항공병과는 조종과 정비로 나누어져 있다. 조종 병과는 그래도 조금은 괜찮지만, 그들이 그들이다. 항공 정비 장교는 소령 진급 후 희망자 중에 선발하는데 선발된 인원 중 육사 출신을 제외하고 중령 진급을 위해서 항공작전사령부 군수처 군수계획장교라는 직책에 보직되기를 선호한다. 이유는 지휘 추천 때 대상자가 많아지기 때문이다. 대상자가 많은 가운데 1등으로 추천이 되면 징계 등의 특별한 사유가 없는한 숨만 쉬고 있어도 진급이 가능하니 당연히 노력을 할 수밖에 없다. 또 지휘 추천 서열을 잘 받아야 하니 항공작전사령부의 군수참모가 시키면 죽는 시늉이라도 한다.

재벌은 죽어도 자신이 벌어놓은 돈을 못 가져가고, 지식인은 죽으면 자신의 지식을 가져가며, 군인은 죽으면 후대에 명예를 남긴다. 하지만 명예는 계급이 아니라고 생각한다. 또한 해당 당사자가 누릴 수 있는 것이 아니라고 생각한다. 명예란 군인답게 온갖 위협에 굴하지 않으며 자유 대한민국을 위해 떳떳하게 청춘과 목숨을 바쳐 살다 죽은 그 군인들의 후손들이 고인을 추모하기 위해 무덤 앞에 꽃 한 송이를 놓으며 기억해 주는 것이 명예가 아닌가! 그러기에 현충원에 안장될 수 있도록 국가에서 마련해 주는 것이 아닌가?

군인 여러분! 제발 안보부터 걱정하자. 진급에 목숨 걸지 말자. 진급을 못 해도 인생이 끝나는 건 아니다. 그리고 진급에 탈락하였더라도 본인 탓 좀 하자.

야전침대 펴놓고 사무실에서 밤샘하며 일하는 척하면서 진급된 사람보다는 본인의 어필하는 능력이 부족했던 것은 사실 아닌가?

골프채로 똥통에서 쓰레기나 건지고 있는 우리 군

  우리 군에서 복무 중인 부사관들은 지금 무엇을 하고 있나? 안전 순찰, 병영식당 관리, 급양 감독, 차량선탑, 수목 제거 등 환경정리 하고 있을 것이다. 훈련 때는 얼굴도 잘 볼 수 없는 우리 부사관들… .

  그들을 욕하는 것이 아니라 훈련 때는 치중대에서 밥해줘야지, 물차 타고 소방서나 인접 부대에 가서 물 떠와야지, 부식 차량 선탑 해야지, 식사 추진해야지…, 그들에게 이런 임무들이 주어지니 참모부 일부 담당관들과 말단 제대 분대장, 부소대장들을 제외하고는 당연히 보기 힘들다. 우리 군은 언제까지 부사관들에게 이런 잡일들을 시킬 것인가? 병사들에게 사격기술을 전수시키며 특급사수로 만드는 등 전투 프로로 육성시켜 지금 이대로 싸워 이길 수 있는 부대원들을 만들기 위해 노력해야 할 부사관이어야 하지만 현실은 다르다. 해야 할 잡일들을 너무 많이 한다. 예산에 반영하여 민간에게 줄 수 있는 것들은 과감히 용역을 주자.

그리하면 일자리 창출에도 이바지하게 되며 우리 군의 부사관들은 병사들을 전투 프로로 만들기 위해 매진할 수 있다. 지휘관들이나 주임원사가 영내 순찰을 하며 분리수거장이 난장판이라고 불러서 정리시키고 부대에 나무가 쓰러졌다고 불러서 치우라 한다. 또 화장실 막혔다고 불러서 뚫으라 하고 휴일 없이 순번을 정해놓고 부대 인근으로 군기 순찰이나 영내 안전 순찰시키고, 부식 차량 선탑 시키고 주변 관공서에서 비품 교체한다고 하면 부사관들 보내서 쓸 만한 에어컨, 의자, 책상 등등 가져오게 시킨다.

훈련할 때는 부식 보관용 텐트에서 취사병들과 동숙시키며 식사 준비시키고 행군할 때 야식 준비시키고, 식당 관리, 부대 시설물 관리, 분리수거, 재활용품 처리 등등 민간에게 용역을 준다면 이들의 업무를 얼마나 덜어줄 수 있단 말인가! 높으신 우리 장군님들아, 이런 예산을 확보하는 데 좀 노력하셔서 반드시 사용할 곳에 사용합시다.

대체 복무에 대해서도 말들이 많은데 양심적 병역거부인지 종교적 병역거부인지 주장하는 나라를 사랑하는 애국자(愛國者)인지, 나라 때문에 슬픈 애국자(哀國者)인지 하는 사람들을 모아 모아서 대체 복무 하는 동안 군부대 내의 환경정리나 시설물 관리에 동원하여 일을 시키면 어떨까? 라는 생각도 종종 해보았다. 불가능한 일일까?

왜 모두를 군복을 입고 총을 들게만 하려 하는가! 태극기가 패용된 군복을 입고 총을 들어야 하는 사람은 정신도 신체도 건강한 대한민국의 특등 남자들에게만 주어져야 한다. 강한 체력과 정신력 그리고 진정한 애국심을 가진 자만이 군 복무를 할 수 있는 분위기를 만들어 주어야 한다.

나머지 인원은 부대 환경정리, 시설물 관리, 조리, 청소 등의 일들을 대체하도록 해야 한다. 군복은 아무나 입을 수 있는 것이 아니라는 것을 보여주어야 한다. 대체 복무 인원들은 훈련소에 입소하여 기초 군사훈련도 받지 못하게 해야 한다.

군 복무를 회피 또는 면제된 운동선수들과 연예인들도 마찬가지이다. 국제대회에서 입상해 군 면제를 받은 야구, 축구 등 운동선수들… 그리고 군에 와서 특권이란 특권은 모두 누리며 분위기만 흐려놓고 전역하는 수많은 연예인, 그들은 군 복무를 하게 된다면 그들의 경력이 단절된다고 이야기한다(사실은 돈일 수도 있지만, 대외적으로는 경력단절이 걱정된다고 늘 이야기한다).

운동선수들은 경력이 단절되면 복귀하기가 힘들다고 주장하고 연예인들은 전역 후 예전의 인기를 못 누린다고 주장한다. 그들이 요구하는 대로 해주자. 하지만 기초 군사훈련은 제외시켜야 한다. 그들을 태극기가 패용된 자랑스러운 대한민국군의 군복을 입고 총을 들게 해주지 말자. 그들의 요구대로 경력이 단절되지 않도록 국가가 과감히 면제시켜 주자.

다만 그들의 군 복무를 면제시켜 주는 대신 복무해야 하는 동안 벌어들이는 수입 전액을 국방부로 기부시키고 국방부는 기부된 금액을 특별회계로 처리하여 풀베기 등 환경정리, 시설물 관리 등 지금 부사관들과 병사들이 전투준비 대신 하고 있는 잡다한 일들을 할 수 있는 사람들을 고용하자. 물론 그전에 국민들의 공감대를 형성할 수 있도록 해야 할 것이며 각종 의견수렴, 법률 등의 검토도 필요할 것이다. 또한 기부체납 면제 운동/연예인의 기준은 명확하게 해야 한다. 예를 들면 운동선수 중 해외에 진출한 모든 인원이라든지 연예인은 광고수익을 포함 10억 이상 고수익자에 한해서라든지…. 대상과 수익 등의 기준을 세워야 하는 이유는 돈있고 권력이 있는 사람들의 자식들이 악용하면 안 되기 때문이다. 추가 대책으로 기부체납 면제 운동/연예인들이 벌어들이는 수익에 대한 고의누락 방지대책도 세워야 할 것이다. 필자의 군생활 중 이런 제안에 대해 많은 부사관들과 병사들의 공감을 얻었었다.

그리고 전역하는 병사들 중에 가정형편이 어려운 모범 병사를 선발하여 대학에 복학해야 하는 인원에게는 장학금 등을 지원해 준다면 그 지원을 받은 우리 모범 병사는 전역 후 힘들게 아르바이트하며 학자금을 마련하기 위해 투자할 시간 대신 학업에 매진할 것이다. 좋은 성적으로 졸업도 하고 좋은 곳에 취업도 하여 우리나라 발전에 이바지할 수 있는 그야말로 일거양득이 아닌가.

그러면 평생 우리 군에 감사하며 살 것이다. 또 취업해야 하는 모범 병사에게는 사회적응 지원금이라는 명목으로 일 년 치 등록금 수준의 금액을 일시금으로 개인 통장에 입금시켜 주자.

생각이 바로 서 있는 사람이라면 그 돈으로 취업 면접 볼 때 입을 양복과 구두도 사놓고 학원에 등록하여 취업에 필요한 기술도 배우고, 면접을 보기 위해 이동할 때 소요되는 교통비, 식대 등으로 사용할 것이다. 그렇게 되어 취업이 되고 열심히 일하여 행복한 가정을 꾸리고 살 것이다.

그리고 그들 역시 우리 군에 평생 감사하며 살 것이다. 만약 가능하다면 전역하는 모든 병사에게 그렇게 지원을 해주자. 군인이라는 것이 자랑스러워할 것이며 군 복무한 것에 대해 감사하며 군복을 평생 집에 놓아두고 후손들에게 이야기해 줄 것이다. 자랑스러운 대한민국 군인이었던 것을….

이러한 것들이 현실이 된다면 고용 창출과 전투준비라는 두 마리 토끼뿐 아니라 대군 이미지 향상에도 도움이 될 것이고 우수한 자원들만 입대하게 되어 군대 내에서의 사고도 지금보다 훨씬 더 줄어들 것으로 생각한다. 일부 정치인들이 세금으로 지급한다는 생각 없이 내뱉는 말보다는 훨씬 더 현실적이지 않은가? 자기 돈 아니라고 증세하여 국민들에게 부담을 주려는 정치인들은 반드시 평민으로 돌려보내야 한다.

우리 군에 유능한 부사관들이 많이 있다. 그들에게 능력에 맞도록 일을 주자. 지금처럼 그들에게 잡일이나 주지 말자.

골프채는 골프 칠 때 사용하라고 만들어진 것이지 똥통에서 쓰레기나 건지라고 만든 것이 아니다. 비싼 골프채가 똥통에서 쓰레기를 건지는 데 사용된다면 그 골프채는 얼마나 슬플까? 제발 용도에 맞게 사용하자.

약은 약사에게 진료는 의사에게

우리 간부들은 다재다능하다 특히 병력들을 면담할 때는 환장할 정도로 전지전능하다. 부모가 이혼하려 한다고 울고 있는 병사에게 경험도 없는 간부가 답을 내려주고, 애인이 헤어지자 한다며 울고 있는 병사에게도 역시나 경험도 없는 간부가 답을 주고, 상처를 입은 병사에게도 의사인 양 역시나 답을 내려준다. 심지어 정신과 진료가 필요하다고 느껴지는 병사들에게도 정신과 의사인 양 답을 준다. 그래 놓고 뿌듯해한다. 마치 사이비 종교 교주 같다. 이야기를 들어만 주어도 조금은 도움이 될 것도 같은데….

상담을 들어주어야 할 간부 중 많은 이들은 자기가 할 이야기만 하고 열심히 잘하라고, 힘내라고, 믿는다고, 어깨만 두드려주며 바쁘니까 그만 가보라며 일방적으로 끝낸다. 이야기를 해주는 것이 정답인지 오답인지 모르겠지만, 심리학 관련 전공을 하고 카운슬링 기법에 대해 배운 간부라면 어느 정도 가능하겠지만 현실은 다르다. 우리는 그들에게 그 어떤 답도 줄 수 없다.

참된 간부라면 마음에 문제가 있는 병사는 상담사를 찾아가 상담을 받을 수 있도록 여건을 마련해 주어야 하고 도박, 게임 등의 중독 증세가 있는 장병은 전문 상담과 치료를 할 수 있도록 여건을 마련해 주어야 한다. 상처 치료가 필요한 인원은 군 병원에서 진료를 받을 수 있도록 여건을 마련해 주어야 하지만 군에서는 간부들이 면담을 통해 대부분 답을 다 내려준다.

이제는 분대, 소대, 중대 간부들의 시간을 상담이 필요한 병사들에게 빼앗기지 않도록 해주자. 병사들을 지휘 통솔하고 전투준비를 위해 교육 훈련에 매진할 수 있도록 여건을 보장해 주어야 한다.

필자가 지휘관 시절엔 우울증이나 자살 등 정신 관련 상담을 받아야 하는 병사가 있으면 지역별로 국가가 무료로 운영하는 정신보건센터에 보내 정확한 진료와 상담을 받을 수 있도록 해주었다. 많은 사례 중 가장 최근의 사례이다.

결혼하고 입대한 병사였는데 남편의 군 입대로 아내가 우울증에 걸려 군 복무를 무척 힘들어했었다. 필자는 병사 부부의 거주지 근처 정신 보건센터에 연락해서 상담을 받을 수 있도록 해주었고, 해당 병사를 상담 일정에 맞춰 휴가를 조치해 주어 부부가 같이 상담할 수 있도록 여건을 보장해 주었다. 휴가 일수가 부족하면 지휘관 위로 휴가도 조치해 주었다.

결국 그 병사의 아내는 안정을 되찾았으며 병사는 무사히 전역하였다. 전역 전까지 모범 병사로 근무하며 주변에 힘든 병사들에게도 필자와 상담을 하여 조치 받을 수 있도록 노력해 주었다.

도대체 군은 언제까지 자체기준으로 도움 병사, 배려 병사라며 선정하여 관리하는 데 힘을 빼고 있을 것인가?

그리고 우리 군에서는 언제까지 사고가 발생하면 도움 또는 배려 병사로 선정해서 관리했는지부터 제일 먼저 따지며, 언제까지 그 책임을 간부들에게만 물을 것인가? 그러니 간부들이 되지도 않는 자신의 능력을 믿고 병력관리를 하고 있는 것이 아닌가!

간부들은 만능이 아니다. 간부가 상담과 관련한 교육을 수료했다고 해서 전문가가 될 수 없다. 제발 간부들이 전투준비에 온 힘을 쏟을 수 있도록 여건을 마련해 주자. 또한 육체적으로나 정신적으로 아픈 병사들에게는 치료를 받을 수 있는 여건을 마련해 주자. 아직도 병영상담관 수가 많이 부족하다는 것을 알아야 한다.

전지전능하신 만군의 주님도 아닌 사람들이 정답인지 오답인지도 모르고 자신의 경험만으로 친절히 답을 내려주는 전지전능하신 우리 군 간부님들!

아는 것이 많아서 그런지 아니면 무식해서 용감한 것인지 모르겠다. 그럴 때마다 필자는 '약은 약사에게 진료는 의사에게'라는 말이 너무나 가슴에 와닿는다.

했다 치고, 그 입 닥치고.

우리 군은 제한된 예산과 훈련장소 부족 등의 이유로 훈련 규모를 축소해 지휘조기동훈련(CFX)을 실시하거나, 군단급 이상 제대의 지휘관과 참모들의 상황 조치 능력을 배양시키기 위하여 모델을 개발해서 워게임으로 훈련을 하고 있다. 후자의 경우 대표적인 사례가 한미 연합훈련인 'KR과 UFG' 연습이다(요즘은 문 정부 눈치를 보는 군 수뇌부로 인하여 연합연습으로 축소되어 게임만 하지만).

이 두 훈련은 한미연합사령관 주관으로 한국 측과 미국 측이 방어 연습 1주(1부), 공격 연습 1주(2부) 합쳐서 약 2주간 실시하고 있다. 지금은 북쪽의 정은이랑 여정이 눈치 보느라 연합연습으로 명칭을 바꾸고 아주 많이 축소해서 실시하고 있지만.

참고로 이 훈련은 지금 계획되어 있는 방어 및 공격 작전 계획 검증과 우발상황에 대하여 군단급 이상 제대의 지휘관과 참모들의 상황 조치 능력 배양을 위하여 실시했다. 참가 규모도 대단하고 매우 체계적이고 실전과 같은 긴장감 또한 잘 보여주는 중요한 훈련이다. 필자가 말하고 싶은 것은 이 훈련 일부 중에서 '우리는 했다 치고'라며 진행하기 때문에 문제가 있다는 것이다. 1부 방어작전 훈련이 종료된 후 2부에서 공격 작전에 대해 훈련을 한다. 다시 말해 빨갱이들이 먼저 쳐들어오는 것에 대한 방어훈련이다.

우리나라 작전계획은 북괴가 먼저 공격한다는 가정하에 우리 남한 지역에서 방어작전을 하고 공격하던 북괴를 장애물과 화력 등으로 작전한계점에 도달시킨 후 우리 군이 북으로 공격하여 평양을 수복하는 것으로 계획되어 있다.

하지만 우리 군이 우리 북한지역으로 공격하기 위해서는 DMZ 내 사전에 설치되어 있는 수많은 장애물을 극복해서 우리가 공격할 수 있는 통로를 어떻게든 확보해야 한다. 전투 실험 결과를 보면 DMZ 내 장애물을 완전 소탕이 아니라 우리가 공격하기 위한 최소한의 통로(사단별 2~3개 통로)를 만들기 위해서는 수일 또는 수주가 소요되는 것으로 판단되어 있다. 장애물을 극복했다 치고 공격 훈련을 실시한다고, 개그콘서트인가?(결국 종영인가?) 장애물만이 아니다.

유류는 어떤가? 북괴군은 남쪽으로 공격 시 남한의 지역 내에는 수많은 주유소와 저유소가 있고 그곳에 저장되어 있는 연료를 넣으면 된다고 한다지만, 북한지역 내에는 곳곳에 주유소나 저유소가 있나, 그럼 탄약은? 그것도 역시나 보충했다 치자. 그래서 국방개혁을 핑계로 병력을 줄여야 하니 보급부대를 줄이고 있나. 그래서 요즘 육군을 죽이고 공군전력과 해군전력을 키우려 하나?

필자가 육군 출신이어서가 아니다. 월남전과 이라크전이 주었던 교훈을 생각해 보라. 결국은 지상부대가 지역을 점령하고 안정화 작전을 통하여 점령한 지역 내 민간인들을 교화시킨 후에야 전쟁을 끝낼 수 있었다.

특히 우리처럼 국토의 70% 이상인 산악지역에서는 더 그럴 수밖에 없으며 공산사회에서 오랫동안 세뇌를 받으며 살아왔던 북한 주민들을 어떻게 교화시킬 것인가? 다시 말해서 상황과 지형에 맞도록 전력의 균형이 중요하다는 것이다. 이야기가 잠깐 다른 곳으로 샜다.

그렇다면 야외기동 훈련은 어떤가? 연대급 이상의 부대는 적지 종심 부대를 운영한다. 적지 종심 부대의 임무는 적의 지역에 은밀히 침투하여 적의 위치와 규모를 아군에게 제공하여 화력을 유도하고 아군의 공격에 피해를 당한 적을 평가(BDA, Battle Damage Assessment)하여 재타격 여부를 판단하게 하는 역할을 한다.

또 적 부대가 이동하는 방향과 규모를 알려줌으로써 적의 주공 방향을 예측해 기존 수립된 작전계획을 조정 또는 계속 진행토록 하는 판단과 결심을 할 수 있도록 하는 중요한 역할을 하지만 은밀하게 침투하는 것이 말이 쉽지, 적에게 발각되어 쉽게 전멸당할 수 있다. 방어작전 시 뿐만 아니라 공격 작전 시에도 적지 종심 부대의 역할은 매우 크고 중요하다. 그러다 보니 쌍방으로 실시되는 이러한 훈련의 교전규칙에는 행정적으로 침투하는 시간을 준다. 실 기동 훈련 전 상대방 지역에 사전 침투하여 활동하도록 여건을 보장한다. 배려심이 기가 막힌다.

이런 훈련을 통하여 적지종심작전 부대의 단점을 파악하고 평시 훈련을 통하여 생존 가능성을 높일 수 있도록 대비해야 하지만 우리 군의 유능하고 훌륭한 지휘관분들께서는 본인이 재임 당시 지적을 하나라도 적게 받고 싶어서 그런지 아니면 반드시 승리하겠다는 필승의 의지가 불타올라 그런지는 몰라도 기발한 방법으로 훈련을 진행하게 한다.

하긴 요즘은 사회 분위기도 친북이고 하니 실전에서도 북괴군과 협조하여 사전에 침투시키면 될 듯하다. 아주 훌륭하다. 축소시키다가 이제는 훈련내용을 알려주고 협의하여 실시하자고? 한국의 군사력이 북한보다 우수하니 반드시 한미 연합훈련을 해야 하는 것은 아니라고 주장 하는 종북 논란의 중심에 서 있는 홍O익 같은 교수의 머리는 어떻게 구성되어 있는지 궁금하다. 그런 사람들은 빨갱이가 아니라면 분명 뇌가 평판형일 것이라고 합리적으로 의심해 볼 수밖에 없다. 그는 천재인가 보다 우리는 감히 생각도 못한 그런 기발한 제안한다니….

이런 자를 국립외교원장으로 내정하는 정부나 그 나물에 그 밥이다. 자유민주주의로 인지 아니면 공산주의로 인지 몰라도 하여튼 대한민국 앞날이 참 밝다.

제발, 했다 치고 말하는 그 입을 닥치고….

눈도 멀고 귀도 먹었는데 맞짱 뜨자고?

핵 주먹 타이슨이 귀와 눈을 가린 후 링 위에 오른다면 어떨까? 전성기 시절의 타이슨이라도 상대방을 이길 수 없을 것이다. 실컷 두들겨 맞고 분명히 패배할 것이다. 만약 상대가 귀와 눈을 가린 타이슨에게 한 대라도 맞는다면 아마도 상대 선수는 전생에 먼 나라 이웃 나라까지 팔아먹고 환생한 것이기에 그 업보 때문에 맞은 것일 것이다.

우리나라의 많은 지도자와 고위 군 간부들은 지금 우리의 눈과 귀를 막고 싸워도 괜찮다는 말인지 도대체 무슨 말인지 모를 이야기를 하고 있다. (적을) 보고, (어떤 가용 수단으로 언제, 어디에서 타격할 것인지) 판단하고, (적을) 타격하고, (적의 피해 현황을 파악한 후 추가 타격할 것인지를) 결심하는 것이 전쟁의 기본 절차가 아닌가!

우리나라에 무슨 ISR(Intelligence, Surveillance and Reconnaissance 정보, 정찰, 감시자산) 자산이 있다는 것인가? 쉽게 설명하면 볼 수 있는 눈이 거의 없다는 것이다. 우리나라는 북괴군에 대한 많은 정보를 미군에게 의존하고 있다. 전략적으로 타격할 수 있는 자산도 절대적으로 미군에게 의존하고 있다. 그런데도 전시작전권을 가져온다고 할 것인가? 우리나라의 작전권은 평시부터 위기 상황 선포 직전까지는 한국의 합동참모본부장이 가지고 있으며, 위기 상황 선포 직후부터는 주한미군사령관이자 한미연합사령관이 작전지휘권을 행사한다. 그것이 전작권(전시 작전지휘권)이다.

만약 한미연합사령관이 한국 측에서 맡는다면 과연 부사령관인 미국 측이 적극적으로 지원을 할까? 고기도 먹어본 놈이 먹을 줄 안다. 우리 한국군 장군님들께서 미국 측의 정보감시 자산을 운용하실 수 있나? 한미연합사 내에 있는 정보융합실에는 한국 측 군인은 접근도 못한다. 과연 그들이 누설하고 싶어서 입을 근질근질해 하는 우리에게 제공해줄까?

우리가 이러한 자산들을 제공받는다고 운용할 능력이 있을까? 어마어마한 유지비용이 들어가는 이런 자산을 어떻게 수리하고 유지할 수 있을까? 이는 어린아이에게 자동차를 운전하라고 주고 비행기를 조종하라고 주는 것과 다를 바 없다고 생각한다.

부대에서 문제가 생겼을 때 부지휘관이 책임지는 부대 있나? 지휘관이 책임진다. 미국 측이 지휘관일 때 권한도 있지만, 책임이 따르기에 적극적인 지휘 활동을 지금까지 하고 있는 것이다. 만약 미국 측이 부지휘관 위치에 있게 된다면 지금보다는 조금 덜 적극적이지 않을까?

결정은 한국군 지휘관이 하기 때문일 것이다. 우리에게 부족한 것이 정보감시 자산만 있나? 연해병사, 연합특수작전사령부, 연합항공작전사령부, 연합정보사령부 등 전시에 미국 측 연합사령관(한미연합사령관, 유엔군 사령관, 주한 미군 사령관, 주한 미군 선임 장교 등 4가지 직책을 맡는다.)이 동원할 수 있는 항공모함이나 토마호크 같은 미군 자산이 적시에 지원이 될까?

만약 지원되었다고 하더라도 한국군이 보유하지도 않았던 그 자산들을 어떻게 운용하나? 한국 측 장군들은 항공모함을 보기라도 했을까? 걱정이다. 전작권 전환은 단순한 자존심과 주권 문제가 아니다. 위기 시 자유 대한민국의 존망이 달려있는 것이다.

최고 통수권자가 개념도 없이, 생각도 없이 정치적으로 이용하기 위한 목적만을 가지고 내뱉은 것에 대하여 우리 군에서도 그 명령을 받아야 한다고 똑같이 동조하지 말라는 것이다. 그 옆에서 국방정책에 대하여 보좌하는 사람들은 뭐 하는 사람들인가? 이런 일들이 있을 때마다 필자는 부모님을 원망했다.

어렸을 때부터 동방예의지국이며 삼강오륜 등을 교육시키며 늘 어른을 공경해야 한다고 가르쳤기 때문에 연장자에 대한 욕은 못 한다. 하지만 오늘만큼은 우리 국가의 안보가 직결된 주제이기에 맘껏 욕하는 필자를 용서해 줄 것이라 믿는다.

지금 우리나라를 이끌어가고 있는 높은 양반들 하는 짓거리가 가관이다. 대가리 속에 뭐가 들었는지 궁금하다. 그들은 북의 지령을 받고 자유 대한민국을 공산화시키려 움직이는 인간들이다.

자가용으로 이용할 자동차도 사기 전에는 운전면허도 취득해야 하고, 면허를 취득 후에는 도로 주행 연수도 받아야 하며 차량을 살 자금, 자동차와 관련된 세금, 자동차 보험금, 연료비 등 유지비도 알아보고 자신의 분수에 맞는 차를 사야 한다.

만약 원하는 차가 나의 능력 밖이라면 그 능력이 갖추어지기 전까지 참고 기다려야 한다. 그러니 우리도 능력이 갖추어지기 전까지 참고 기다리며 준비하자.

우리나라 경제가 더 성장하고 국방예산이 여유 있게 되어 미군 정도의 자산을 보유하고 운용할 수 있을 정도의 국방력을 갖추자. 그리고 그 다음에 천천히 따져보자. 그래도 늦지 않다.

격 따지지 마세요. 격 떨어집니다

격(格)의 사전적 의미는 주위 환경이나 형편에 자연스럽게 어울리는 분수나 품위이다. 필자가 2014년 OO 작전사령부에서 근무할 때이다. 앞서 말하였듯이 필자는 BTL 사업도 담당하였었다. 그중에 특히 기억에 남는 것은 다른 지역에서는 부실시공이라며 논란이 끊임없이 발생하였던 군인아파트였기에, 아파트 입주 전 단열이 잘 되는지 등을 점검하기로 하였다.

당시 현장 소장에게 부탁하여 필로티 구조 아파트 1층에서(1층 바닥이 외부에 노출되어 바람이 많이 부는 층) 난방을 켜놓지 않은 채로 2박 3일 동안 밤을 새우며 실내 온도를 측정하여 이상 여부를 확인하였던 적이 있다. 그때가 1월이었다. 이천은 경기도이지만 강원도와 인접해서 그런지 정말 추운 곳이다. 그 당시 밖에 서 있기만 해도 고추가 떨어질 수도 있는 기온이었다.

또한 예비 준공검사에도 참여하여 시설물 하나하나 꼼꼼히 확인하고 시공사에 이야기하여 조치토록 하였다. 그만큼 BTL 아파트에 관해서는 그 누구보다도 전문가이다.

군인 가족들이 입주하여 지내던 어느 날 필자에게 시설본부 민자사업처장(당시 해군 대령)으로부터 당시 준공을 마치고 입주한 기혼군 간부 아파트에 시설본부장인 탁OO 장군이 일요일에 방문한다고 연락이 왔다. 이유는 이제 막 준공하여 입주한 아파트에 물이 새는 곳도 있고 여러 하자가 있다는 이야기를 듣게 되어 입주민들의 애로사항을 들을 겸 몇 세대만 들어갈 수 있도록 준비해 달라는 것이다.

아무리 육군 소장보다 하급자들이지만 일요일 아침부터 남의 집에 들어가는 것은 말도 안 된다. 예의라고는 쥐꼬리만큼도 없다.

그래서 필자는 평일에 오든지 아니면 오후에 오는 것으로 결심을 받아 달라고 이야기했는데도 온다는 것이다. 군수참모인 PJY 대령에게 보고했더니 작전참모에게 보고하란다. PJY 대령은 본인의 지휘관도 아니기에 휴일에 나오기 싫다는 것이다. 그래서 당시 작전참모인 육사 출신 허OO 대령(장군 예편)에게 이 사실을 보고하면서 일요일 현장에 필자가 수행하겠다고 말했다.

참고로 허OO 대령의 인품은 훌륭하다. 그럼에도 하는 말이 "자네가 나가면 격이 맞지 않는 것 같네. 시설본부장님과 동기이신 부사령관님께 말씀드려 현장에 나가시도록 하겠네."라고 하기에 필자는 "공병에서는 그런 격 같은 것은 없습니다. 장군 분들이 오셔도 감독관인 대위가 브리핑합니다. 공사 현장에 대하여 제일 잘 아는 간부가 바로 감독관입니다. 이 현장에 대하여 저만큼 많이 아는 간부는 없습니다."라며 보고했지만 웃더라.

필자가 장군에게 잘 보이고 싶어서 나간다고 주장했던 것은 아니다. 분명히 격 따지다가 질문을 받게 된다면 격 떨어지는 답변만 하든지 아니면 뒤통수만 긁고 있을 텐데….

또 높은 양반 오신다고 한두 명만 나오겠는가? 휴일에 여러 아랫사람 고생시키는 것이 아닌가! 지휘관 시절에도 야근하든지 휴일에 출근한 간부들이 있으면 왜 그래야 하는지 하나하나 물어보고 퇴근을 시키든지 아니면 혼자서 조용히 일하고 퇴근하라고 지시했었다.

결국 필자는 일요일 현장에 나가서 부사령관과 같이 시설본부장을 수행하며 이곳저곳에 관하여 물어보는 것을 직접 설명했던 기억이 있다. 무엇이 격이란 말인가? 대한민국 국군은 격부터 가르치는 건가? 왜 매번 격부터 따지는가? 늘 그렇다. '누가 오시니 보고는 누가 하라'며 격 따지는 소리들을 아직도 하고 있다.

격 따지기 전에 다시 한번 생각해 보자. 병사라고 할지라도 해당 분야에 대하여 가장 잘 아는 인원이 가장 정확한 보고를 할 수 있지 않을까?

'격' 따지지 마세요. 그런 당신들은 '격' 떨어지는 보고 받습니다.

기업을 경영하듯 군을 경영합시다

부하들에게 주는 급여는 상급자 자신의 지갑에서 내어 주는 것이
아니라 국민의 세금으로 국가가 지급하는 것이다. 만약 내가 경영하
는 기업이 벌어들이는 이윤에서 내 부하들에게 급여를 준다고 생각
해 보면 절대로 하급자들과 병사들을 그딴 식으로 운영하지는 않을
것이다. 쓸데없이 야근시키고 휴일에 소집시켜 환경정리 시키고 약
간의 인원만 있으면 가능한 업무도 건제 유지한다는 이유로 십수 명
을 투입시켜 일부만 열심히 일하고 대부분 인원은 노는 것도 아니고
쉬는 것도 아니고 뭘 해야 할지 몰라 눈치만 보게끔 하는 우리 훌륭
하신 군인들, 내가 경영자라고 생각하자.

야근을 시키면 야근 수당 주어야지, 휴일 근무시키면 휴일 근무
수당 주어야지…, 당연히 수 명만 필요한 현장에 쓸데없이 인건비가
낭비되도록 십수 명을 고용하지는 않을 것이다. 나머지 병력들이 쉬

는 게 못마땅 하나? 휴식도 전투하기 위해 보장되어야 한다. 쓸데없는 시간에 쓸데없는 인원을 쓸데없는 일에 투입하지 말고 효율적이고 경제적으로 운영하자.

여기서 또 언급할 사람이 있다. '호랑이는 죽어서 가죽을 남기고 사람은 죽어서 이름을 남긴다'고. 그 이름을 본인이 남기는 것이 아니라 필자가 남겨주고 있는 바로 PJY 대령이다. 필자가 다양한 경험을 할 수 있도록 몸소 보여주었기에 다시 언급할 수밖에 없지만 이름을 남겨주는 이 후배에게 감사한 마음을 갖기를 바라며, 또다시 이니셜 석 자를 남겨보련다. PJY 대령.

OO 작전사령부 근무 당시 OO 참모였던 PJY 대령은 퇴근 시간이 되면 본인은 퇴근 복장으로 갈아입고 사무실에서 나와 부처를 한 바퀴 돌며 온화한 목소리로 이런 말을 자주 했다.

"퇴근들 안 하나? 빨리빨리들 퇴근해야지! 아 참! 그리고 누구누구는 내가 내일 아침 07시에 출근할 테니 보고서 마무리 지어서 내가 출근하면 바로 볼 수 있도록 책상 위에 올려놔라! 그래, 잘들 쉬어."

"누구야!(차량을 소유한 간부 중 한사람으로 본인이 출퇴근 할 때마다 불러 기름값 한번 주지 않고 운전을 시켰던 인원이다.) 차는 준비됐니?"

이 무슨 입으로 방귀 뀌는 말씀인가! 지금이라도 소리 없는 총이 개발되었다는 소식이 들려온다면 당장 구매해서 달려가 쏴버리고 싶은 사람이다. 하지만 분명히 머리를 쐈다간 그 머리에 들어있는 똥이 사방으로 튀어 냄새 없애는데 더 많은 노력이 필요할 것 같아서 참는다.

그래도 그 사람이 없었으면 지금 이 책은 굉장히 딱딱하고 재미없을 것이다. 그래서 지금도 핸드폰에 연락처를 지우지 않고 저장하고 있다. 그래야 전화가 오더라도 PJY이란 이름 석 자가 화면에 나타나면 받지 않을 수 있으니….

휴대전화 바꿀 때도 그 이름 석 자가 이상 없이 저장되었는지 제일 먼저 확인한다. 어디서 뭐 하고 있을까? 제 버릇 개 못 준다고, 전역해서도 혹시나 현역 때처럼 행동하고 입인지 항문인지 구분하기도 힘든 구멍을 함부로 놀리면서 똥 폼 잡고 다니다 동네 의인들에게 비 오는 날 먼지가 풀풀 나도록 얻어터지고 있지는 않을까? 가끔 걱정도 되고 생각도 나는 사람이다.

군인 여러분! 여러분의 돈만 소중한가? 국가의 돈도 소중하다. 제발 경영자라고 생각하자. 그리고 여러분들의 부하를 효율적으로 운영하자. 쓸데없는 일에 부하들을 고생시키지 말자. 여러분의 주머니에서 부하들의 급여와 수당이 지급된다고 생각하고 우리의 소중한 부대원들을 운영하는 마인드를 키우자. 그러면 쓸데없는 업무가 줄어들어 매일 지속되는 야근 때문에 빨간 토끼 눈으로 살고 있는 부하들도 줄어들고 매주 휴일마다 가족들과 생이별하여 옆집 아저씨가 지들 아빠인 줄 알고 자라는 군인 자녀들도 줄어들 것이다.

엄마 오리, 새끼 오리

알에서 막 부화된 새끼 오리는 처음으로 보는 것을 엄마로 각인하고 따라다닌다고 한다. 오리의 걸음걸이는 보고 있는 것도 재미있고 뒤뚱뒤뚱이라는 우리의 표현도 재미있다. 왜 오리가 뒤뚱뒤뚱 걸을까? 그건 아마도 엄마 오리가 뒤뚱뒤뚱 걷는 모습을 보고 새끼 오리가 따라 해서가 아닐까? 하는 생각을 종종 해본다.

우리 군의 간부들도 잘못된 선배들의 모습을 보고 따라 하기에 그 모습이 우습지는 않을까? 라고 생각을 해봐야 한다. 지금도 주변 환경이 다양하게 시시각각 변하고 있지만, 군의 변화는 너무나 더디고 군 간부들 생각의 변화는 요지부동인 것 같다.

하사 시절에는 중사 선배들이 하는 것들을 그대로 배우고 중사 시절에는 상사급 행정보급관들이 하는 것들을 그대로 배우고 상사 시절에는 원사급 주임원사들의 행동을 보고 배우며 원사 진급 후 그대로 따라 한다.

장교도 마찬가지이다. 소대장은 중대장이 했던 것들을 중대장은 대대장들이 했던 것들을 그대로 보고 배워 그들이 진급되어 그 위치에 가면 그대로 행동한다. 그대로 배울 것이 아니라 변화해 가는 사회를 인정하고 받아들여 그에 걸맞게 바뀌어야 한다. 신세대 장병들의 의식을 받아들여야 한다.

우리 군 간부들에게 물어보고 싶다. 당신은 군사전문가인가? 평시 상태가 오랫동안 지속되어 오다 보니 선배들이 하였던 근무 자세와 생활방식을 그대로 따라 하고 있지는 않나? 아니라고 주장한다면 과연 당신은 '전작권 전환', '9·19 군사 합의' 등에 대하여 군인으로서 당신의 논리가 맞든 틀리든 누군가와 자신 있게 이야기할 수 있는가? 또한 사회인과 만나서 다양한 주제를 가지고 자기 생각을 논리적으로 이야기하여 그 사회인들을 설득시킬 수 있을 정도의 상식을 갖추고 있는가? 지금 우리 사회가 어떻게 돌아가고 있는지 잘 알고 있나?

필자가 보았을 때 많은 간부들은 군사전문가도 아니고 그런 상식도 갖추지 못하고 있다. 그러니 지금 이 시각에 집에 가서 처자식들과 함께 있어 주지 않고 직장동료라고 하는 비슷한 사람들끼리 모여 술이나 드시고 있지 않은가! 술자리에서 하는 이야기는 안보 문제, 군사 제안? 별말씀을….

분명히 대다수의 군인들은 상급자를 욕하든지, 진급에 탈락이 된 이유가 자신에게 있는데 진급된 선배나 동기들 흉보든지… 이런 주제로 이야기를 하고 있을 것이며, 옆에서 술잔을 기울여주는 일행은 위로랍시고 같이 술을 마시고 있을 것이다.

이런 당신들께 퀵 서비스로 배달해 주고 싶은 욕들이 목까지 올라온다. 선배들이 했던 근무 자세와 생활방식을 그대로 답습하지 말고 제발 다양한 분야의 책도 사서 좀 읽고 뉴스도 보며 지금 정부 정책, 사회 문제들에 대해 비판할 것은 비판하고 반성할 것은 반성하자. 대통령이 우리 군 최고의 통수권자라고 해서 잘못된 정책을 지시하고 장관이라는 사람이 무조건 명령을 받아야 한다고 해서 우리까지도 무인(武人)이 아닌 뇌가 없는 무뇌인(無腦人)으로 살아가면 되겠는가!

분명한 것은 대통령도 장관도 사람이다 보니 잘못된 국방정책을 세우고 추진할 수도 있다. 하지만 우리는 그 정책 중 무엇이 우리의 안보를 위협하는 정책인지 판단할 수 있는 능력을 키워야 하며 대비계획을 세워야 한다. 앞에서 언급한 듯이 GP가 폭파되어 철거되었으면 후방부대에서 운영 중인 감시 장비들을 전방부대로 관리전환 시켜 집중적으로 감시토록 하고 '통합화력운영계획'을 수정하는 등 다양한 대책을 세워야 한다. 한강수로를 북괴가 마음대로 이용하여 침투하지 못하도록 서해상 함정을 상주시켜 그들을 감시하는 등 다양한 대책을 세워 대비해야 한다.

군인은 똑똑해져야 한다. 군사 분야만큼은 전문가가 되어야 한다. 그리고 가능하다면 우리 사회가 어찌 돌아가고 있는지도 알아보고 국민들과의 대화도 가능하다면 더 좋을 것이다. 엄마 오리가 뒤뚱거리며 걷는 모습을 생각 없이 따르지 말고 잘못된 것으로 생각한다면 지금이라도 바른 걸음걸이를 배우기 위해 노력해야 한다.

눈높이 교육

TV에서 눈높이 교육이라는 광고를 많이 봤을 것이다. 군인은 눈높이가 상당히 높다. 그래서인지 모르겠지만 하급자에게 화를 많이 내는 것 같다. 보고서 초안을 작성해 온 하급자에게 화내고 열심히 최선을 다해 만들거나 정비한 장비나 시설물들에 대하여 자신의 눈높이에 맞지 않는다고 초급 간부들에게 화내고 운동할 때 실수했다고 후배나 후임들에게 화내고….

간부만이 아닌 병사들도 마찬가지이다. 선임병들이 후임병들 보다 얼마나 군 생활을 더 했다고(기껏해야 18개월 차이밖에 없으면서).

"내가 너 때는 안 그랬다." 웃겨서 못 봐준다. 아랫사람이 혼나는 것은 사회에서도 그렇지만 군에서도 마찬가지다.

하지만 사회는 이윤을 창출해야 하고, 또 창출된 이윤으로 조직이 유지되기에 당연히 있을 수 있는 일이다. 일을 못하면 해고를 당해야 한다. 창출되는 이윤에서 봉급을 받는 만큼 그 이상의 성과를 내야 한다. 그래야 남는 이익을 가지고 연구 개발도 하고 투자도 하고 신입사원들을 채용하므로 우리 사회와 경제가 안정적으로 유지될 수 있도록 할 수 있다.

기업은 자선단체가 아니다. 일을 못 하면 해고를 당하는 것은 당연하다. 하지만 군은 이윤을 창출하는 집단일까? 필자가 봤을 때 군대와 같은 소비 집단은 이 세상에 없다고 생각한다. 하지만 유사시를 생각하면 군을 유지하는 비용이 전쟁으로 황폐해진 국토를 재건시키는 비용보다는 싸기 때문에 반드시 있어야 한다.

그렇다면 평시 우리는 어떻게 해야 하나? 부하들의 수준을 올려주어야 한다. 그것이 전시를 대비하는 방법이다. 야단을 쳐서 부하들의 수준을 높일 수도 있다. 하지만 거기서 끝이다. 그 이상은 창의적이고 적극적인 생각과 의지가 생겨날 수가 없다. 하지만 나의 눈높이를 조금만 낮춰 부하들 눈높이에서 생각한다면 어떨까? 칭찬이 끊임없이 나올 것이다.

그 칭찬을 듣고 감동받은 부하들은 무엇이든지 자신감을 느끼고 적극적으로 하려 할 것이고 하나를 하더라도 더 잘하기 위해 관련 자료도 찾아보며 자신을 발전시키기 위해 노력할 것이다. 또 칭찬을 받기 위해서라도…. 이런 과정들이 반복되다 보면 서로를 신뢰하게 되며 부대 생활이 즐겁게 되고 나아가 유사시에는 상급자를 위해 목숨이라도 바칠 수 있는 충성스러운 부하가 되지 않겠나?

군 생활을 하루라도 더 하신 분들은 눈높이를 조금만 낮게 부하들을 봐주기를 바란다. 장군 눈높이에 맞춰 일하는 소령이 있다면 소령이 장군 계급장을 달고 장군과 같은 급여를 받아야지 왜 소령 계급장을 달고 있고 소령의 급여를 받아야 하나? 당연히 국가는 우리의 능력에 맞게 계급과 급여를 주는 것이다. 계급이 높으면 그만큼 더 많은 일을 해야 한다. 하지만 우리 군의 현실은? 역시나 바쁜 사람들은 계급이 낮은 부하들밖에 없다. 가끔 초급 간부들이 업무에 부담을 느껴 일부는 근무 이탈을 하였다가 체포되고, 일부는 극단적인 선택을 해 주위를 안타깝게 만드는 것도 그 때문일 것이다.

전투에 이기기 위해서는 단결이 잘 되어야 한다. 단결이 잘 되기 위해서는 서로의 관계가 즐거워야 한다. 서로의 관계가 즐겁기 위해서 상급자는 하급자의 눈높이에 맞추어 업무를 추진하여야 하되 눈높이를 낮추어 칭찬만 해주라는 것이 아니라 칭찬을 해주는 가운데 지도편달(指導鞭撻)을 해주어 하급자의 수준을 높여주기 위해 노력도 아끼지 말아야 한다는 것이다.

필자가 군 생활 중에는 보고서를 작성해 온 부하들에게 "OO이 있어서 얼마나 든든한지 모르겠다. 편집만 조금하면 끝내주겠어! 메일로 하나 보내줄래?" 그렇게 전자메일로 받은 보고서를 직접 수정하여 다시 보내주었고, 부하들이 다시 읽게 하는 것을 반복하였더니 그들의 보고서 수준이 점점 높아지는 것을 알 수 있었다.

눈높이 교육을 해라. 그와 동시에 그들의 수준을 점점 더 끌어주어라. 그것이 선배들이나 상급자들이 해야 할 일인 것이다.

남은 생이 외롭지 않을 것을 간절히 바라며
건배를 제의합니다

　군은 계급사회이다. 그리고 상관의 지시에 절대복종해야 한다. 불
합리한 지시는 따르지 않아도 된다고는 하지만 현실적으로 불가능
하다. 진급도 포기하고 군 생활도 포기하면 가능하겠지만 현실은 힘
들다. 필자는 여기서도 앞에 자주 등장했었던 훌륭한 우리 OO작전
사령부 OO참모였던 PJY 대령을 다시 한번 초대하려 한다. 힘찬 박
수로 환영해 주었으면 한다.

　훈련 때 회관 목욕탕에서 열심히 씻고 있다가 사령관 온다고 창
문을 넘어서 사무실로 뛰어간 목욕탕 탈출 사건과 보기 좋은 보고서
가 읽기도 좋다며 혹시나 군에서 종이를 낭비해 주지 않으면 A4용지
생산 공장이 망해서 그곳에 고용된 직원들과 가족이 굶지 않도록 바
다와 같이 넓고 하늘과 같이 높은 마음으로 항상 같은 내용의 보고
서를 여백과 줄 간격을 달리하여 여러 장씩 출력한 뒤 코에 걸쳐 쓴
돋보기를 눈 아래로 깔고 보고서란 이런 것이라며 부하들에게 알려

주신 그리고 저녁에 퇴근하면서 아침까지 작성하라는 지시를 이행하는 것만으로도 벅차 군 생활에 대한 흥미도 점점 잃는 가운데 다른 것을 할 꿈도 못 꾸었던 그의 부하들, 지금은 전역했지만 늘 부지런하고 착한 전 모 대위와 아직은 현역으로 근무 중인 한 모 소령에게 본인의 마실 물이 떨어지지 않게 늘 그들의 사비로 준비할 것을 지시하셨지.

본인의 군복을 세탁소에 맡겨 개인위생에 힘쓰며 한 푼의 비용도 지불하지 않아 부하들의 가정생활까지도 궁핍하게 하여 부하들의 처자식들까지도 강한 정신력을 가질 수 있도록 애써주었지. 그뿐만 아니다. 항공 정비 분야를 제외하고 다른 분야는 전혀 아는 것이 없어 늘 비대면으로 보고서만 사령관님께 올리신 우리 PJY 대령.

필자는 그런 PJY 대령을 너무나 존경한다. 그러기에 그 상판을 보기만 해도 목구멍 끝까지 차오르는 욕을 극도의 인내심으로 참을 수 있는 능력을 배양하게 해주었던 PJY 대령. 혹시라도 사석에서 만난다면 소리 나지 않는 총으로 쏴 죽이게 되어 필자의 인생이 꼬일 것이 심히 걱정되어 함께하자고 했던 회식과 골프 운동 등을 선약 핑계로 계속 피했었다.

그러던 어느 날인가 우리 탄약 장교 이 모 준위(전역함)가 참모랑 같이 운동한다고 생각 말고 본인과 딱 한 번만 같이 운동한다는 생각으로 함께하자고 간곡히 부탁해서 할 수 없이 PJY 대령, 윤 모 중령(당시 소령), 나 모 중령(당시 소령)과 사령부 골프장에서 운동하고 회관에서 식사한 적이 있었다. 한 잔 두 잔 잔이 오가며 분위기가 무르

익을 때쯤 포청천이 개작두로 탐관오리와 범죄자들의 목을 베었듯이 필자에게 제발 자신도 그리 해달라고 애원이라도 하듯 간절한 눈빛으로 건배 제의를 하라는 것이었다. 순간 필자는 "취했나? 아니면 도대체 나한테 무슨 욕을 드시고 싶어서 그러는 거지? 변태인가?"라고 별별 생각을 하며 다음과 같이 건배를 제의하였다.

"우리나라 사람들의 평균 기대수명이 80세라 합니다. 우리 또한 인생을 80세까지 사는 것으로 가정한다면 중령으로 53세에 전역하게 되면 민간인으로 27년을 더 살아야 하고, 대령으로 55세에 전역하게 되면 25년을 민간인으로 더 살아야 합니다. 군에서야 계급이 있으니 부하들은 부당한 지시라도 어쩔 수 없어도 따를 수밖에 없지만, 부하들에게 잘못한 상급자는 전역하게 되면 남은 인생이 참 많이 외로울 것입니다. 여기 계신 모든 분도 언젠간 전역을 하겠지만 전역해서도 남은 인생이 외롭지 않을 것을 진심으로 바라며 건배를 제의하겠습니다. 이 모든 것을 위하여!" 회식 분위기 끝내주더라.

하급자의 눈치를 보라는 것은 아니다. 누가 보아도 건전한 생각으로 부하들에게 합리적인 지시를 하고 진심으로 그들을 배려하며 인격을 존중해 주라는 것이다. 그렇게 부하들을 대해 준다면 우리 군은 반드시 건강성을 되찾을 수 있을 것이다. 그리고 많은 군 간부들이 전역 후에도 외롭지 않은 인생을 살 수 있을 것이다.

필자는 지금 이 글을 읽고 있는 분들의 남은 생이 외롭지 않을 것을 간절히 바라며 건배를 제의한다. "이 모든 것을 위하여!"

영조가 되자!

필자가 춘천에서 1차 중대장과 작전장교로 재직시절 대대장이셨던 송원식 중령님께서 취임하였다. 그분의 취임사는 필자의 군 생활을 완전히 바꾸어 주었다. 필자의 군 생활의 본보기였다. 송 중령님의 취임 당시 취임사에서 언로(言路)가 트여있는 부대를 육성하겠다고 했고, 실제 부대 지휘도 그렇게 되도록 몸소 실천하였다. 그 후 필자도 지휘관 취임 시마다 언로가 트여있는 부대를 육성하겠다며 언급을 하였고, 언로가 늘 트이도록 노력했다.

말의 길…, 일방적인 Top Down 식이 아니라 상하가 서로의 입장과 생각을 공유함으로써 Win-Win 할 수 있는 부대를 만들고 싶어서였다.

조선의 21대 임금인 영조는 붕당의 폐단을 없애기 위해 노론과 소론의 반대에도 탕평책을 실시하여 인재가 두루 등용될 수 있게 하였고 양반의 반대가 심했음에도 백성들의 역부담을 줄여주기 위해 균역법을 시행하였다.

이 균역법 제정과정 중 신의 한 수는 바로 양반을 포함한 백성들을 모아놓고 그들의 목소리를 직접 들어주는 임문(臨文)을 통해서였다고 생각한다. 영조 대왕은 재위 기간 총 30여 회의 임문을 진행하였을 정도로 백성들의 이야기를 들어주기 위해 노력했다고 한다. 물론 영조 대왕은 51년 7개월이라는 최장기간 동안 집권을 한 최장수 왕이기에 가능했다고 생각할 수도 있지만, 언로(言路)를 중시하고 노력하지 않았다면 절대 있을 수 없었을 것이다.

지휘관들아! 부하들 한 명 한 명의 마음까지 이해해 주려고 노력해 보자. 무조건 그들 위에서 온갖 폼을 잡으며 근엄하게 군림하려고만 하지 말자. 지휘관실의 문턱을 과감히 없애자. 필자가 지휘관이었을 당시 개인 사무실에 커피메이커도 큰 것으로 가져다 놓고 재떨이도 놓고 심성이 바른 운전병을 선발해 운전 임무뿐만 아니라 필자가 퇴근 후에는 사무실에서 고민이 있는 병사들과 함께 흡연도 하고 차도 함께 마시면서 필자가 출근 시 보고해 주거나 고민이 있는 부하들을 직접 데려와 이야기할 수 있도록 임무를 주었다.

창문에 환풍기도 추가로 설치하여 흡연하는 부하들은 같이 흡연하게 하므로 필자와의 격을 허물 수 있도록 해주었다. 내 사무실을 병사들과 간부들의 사랑방처럼 만들어 주었다. 초기에는 찾아오는 이가 드물었지만, 점점 더 많은 병사가 오가며 필자와 같이 웃으며 이야기도 하고 때론 고민도 털어놓기도 하고 그런 분위기로 점점 바뀌었다.

어느 날부터인가 자그마한 사탕 하나, 캔 커피 하나를 감사하다는 쪽지와 함께 책상 위에 두고 가는 부하들이 많아졌다. 그래서인지 모르겠지만 당시 필자의 운전병이었던 예비역 병장 김희도(2018년 9월 전역)는 필자의 이런 마음과 분위기를 계속 만들어 줄 것을 믿는다며 필자가 공병대장직을 떠나게 된 2019년 12월까지도 원두커피가 떨어지지 않도록 계속 보내주기도 하였다.

지금 내가 어느 누군가에게 무언가를 해줄 수 있다는 것에 감사해야 한다. 이 얼마나 행복하며 감사해야 할 축복인가! 그것은 바로 절대자가 자신에게 누군가를 도와줄 수 있는 능력을 주신 것이다. 그 절대자가 주신 소중한 능력을 줄 듯 말 듯 장난하며 찔끔찔끔 주든지 아니면 자신의 고유 권한과 능력인 듯 착각하고 가지고만 있지 말아라. 무엇이든지 사용해야 그 가치를 발하는 것이다.

분명 영조도 그런 생각을 했었을 것이다. 그래서 백성들의 생각을 듣기 위해 노력했다. 그 결과 만들어진 위대한 업적들을 후손들이 기리며 칭송하는 것이 아니겠는가!

군인 여러분! 모두가 영조가 되도록 노력하자.

왜?

필자가 임관했던 1998년 당시 병사들에게 연초비(기호품비로 담뱃 값을 말함)라고 하는 것이 배정되었다. 즉 면세로 담배를 구매하여 병사들에게 나누어 주는 예산이었다. 당시에는 개인당 20갑(2보루) 이었다. 그랬던 것이 언젠가부터 20갑에서 15갑으로 다시 15갑에서 10갑으로 줄더니 어느 순간부터는 아예 없어졌다. 정부의 금연 장 려정책에 따라 군도 금연에 동참하라고 했단다. 누군가 댕댕이 같 은 사람이(아마 비흡연자였을 것이다.) 기안해서 장관 승인을 받아 없 앴을 것이다.

그리고 이것이야말로 일거양득 아닌가! 라며 주장했던 소리는 헛 소리다! 면세 담배가 보급되었을 당시에도 담배를 부족해 하던 병사 들에게 필자뿐만 아니라 대부분 지휘관이 개인 돈으로 비흡연자 담 배까지 구매해서 작업장 등의 장소나 장기간의 훈련 시 담배가 부 족한 병사들에게 나누어 주었다. 그래도 병사들에게는 늘 부족했던 담배였다. 그나마 병사들 담뱃값 부담을 조금이나마 줄여주었던 연초비였는데 그것마저 지원이 끊기고 난 후 지금까지 병사들은 개인 돈으로 비면세 담배를 구매해서 피우고 있다. 병사들의 봉급을 다시 담뱃값에 포함된 세금으로 회수해 가는 대한민국, 참 훌륭하다. JQ(Janmery Quotient, 잔머리 지수)가 개짱이다.

다른 나라에서 근무하는 미군은 생필품, 영내 주유소에서 주유할 수 있는 기름은 물론이고 자동차며 심지어 '할리데이비드슨' 오토바이도 면세로 구매할 수 있게 해주더라. 진짜 북괴의 지령을 받는 댕댕이들이 여기저기 많이 있는 것 같다. 종량제 봉투에 차고 넘치도록 많다. 이제는 너무나 많아져서 치울 수도 없을 지경이다. 어찌 그리도 기발하고 참신한 아이디어로 우리 군의 사기를 팍팍 떨어뜨릴 수 있는지 깜놀이다. 그렇다고 과연 흡연자들이 줄었을까? 확실히 장담하는데 국방예산은 매우 절약되었을 것이고 담배를 팔아서 거둬들인 세금은 많이 늘었을 것이다. 그 사람들은 무엇을 기획했던 것일까? 총알도 아까운 양반들이다.

이뿐만이 아니다. 매월 간부들의 타자 연습을 위해 실시하는 자가진단 문진표는 어떤가? 군 기강 확립, 성폭력 예방 교육, 보안·사이버 태세 확립, 청렴도, 음주 위험도, 정치적 중립, 리더십, 전투 준비태세에 관하여 화면에 나와 있는 문장 그대로를 간부 각자가 자판으로 입력한 후 확인 버튼을 눌러야 완료되는 세계 최초이자 유일한 시스템도 있다. 역시 IT 강국 대한민국이다. 상급 부대에서는 미시행 여부까지 확인까지 하더라. 개인 PC 보급률도 저조해 문진표를 작성하기 위해 순번을 기다리는 초급 간부들의 모습을 보았는가! 야전의 현실을 몰라도 너무 모르는 것 같다.

전투준비를 위해 체력단련과 교육 훈련에 매진하려 해도 시간과 장소가 부족한데 그딴 것은 왜 자꾸 쓸데없는 것들을 만들어서 시키는가! 도대체 왜? 왜? 왜? 이해되지 않는 많은 제도가 생겼다가 없어졌다. 또 없어졌다가 다시 생기는 자랑스러운 대한 육군! 그딴 거 돈 G Ral해서 만들어 놓고 우리 장병들을 괴롭히지 말자. 행정적인 군대를 육성하는 데 매진하지 말고 장병들이 필요로 하는 것이 무엇인지 고민하고 전투 프로 육성에 무엇이 방해되는가를 찾아보고 해줄 것은 확실히 해주고 없앨 것은 과감히 없애라.

육군본부 등 정책부서에 입성하시는 높은 분들은 머릿속에 휘발성 RAM(Random Access Memory, 연산 결과를 일시적으로 저장하며 전원이 끊기면 기억내용이 없어지는 장치)을 심어놓고 기억을 지웠다 저장했다 하는지 어찌하여 야전에서의 생활을 싹 잊어버리고 엉뚱 발랄한 댕댕이 같은 아이디어를 만들어 야전에 적용시키시는지 정말 이해가 되질 않는다. 테이저건의 탐침을 머리에 하나 꽂아놓고 수시로 방아쇠를 당겨주어 정신이 번쩍 들게 하고 싶은 군인들이 너무 많다.

그뿐만인가? 보안 관련 서약서, 해외 여행 갈 때 작성하는 서약서, 음주운전 근절 서약서, 청렴서약서 등 무슨 서약서 종류가 그리도 많으며 시도 때도 없이 작성을 시키는가! A4용지를 생산하는 회사와 우리 육군이 MOU를 체결했나 보다.

보고서를 제외하고도 한해에 우리 군에서 서약서로 작성되어 버려지는 A4용지 사용량을 알아본다면 엄청날 것이다. 원시림 황폐화 1등 공신이 바로 우리 군일 것이다. 우리 군에서는 1984년부터 유한킴벌리가 전개하고 있는 '우리 강산 푸르게 푸르게' 환경보호 캠페인을 '우리 강산 모르오 모르오'라고 생각하는 것 같다.

그 외에도 많이 있지만 한 가지만 더 이야기하려 한다. 입영 차량에 대해 차량용 블랙박스 전원만 제거하면 그만이지 가림막까지 설치해야 하는 이유를 모르겠다. 왜? 부대 내부가 촬영되면 큰일이 나서? 부대 위치가 노출되면 큰일이 나서? 택시 기사 양반들이 부대 위치는 더 정확히 알고 있으며 부대 근처 상인들이 부대에 대한 일들도 현역들보다 훨씬 더 정확하게 잘 알고 있다. 쓸데없는 곳에 에너지를 낭비하고 있다.

"왜?"라고 물어보지 않도록 합리적이고 타당한 이유를 알려주고 지시해야 한다. 합리적이고 타당한 이유를 이야기 할 수 없다면 그런 지침과 방침은 과감히 바꾸고 없애야 한다. 원래 그랬다고 이야기하지 마라. 그것이 선행되어야만 현재 행정 우선으로 잘못된 길을 가고 있는 우리 군이 전투준비태세 완비를 위해 최우선 노력하는 올바른 길로 갈 것이며 그것이 국민과 국가를 지키는 것이 될 것이다.

전투는 남군만 하나, 그럼 여군은?

아래는 21년도 군인 체력검정 기준표이다.

1. 남군

종목	등급		연령											
			25 이상	26 ~30	31 ~35	36 ~40	41 ~43	44 ~46	47 ~49	50 ~51	52 ~53	54 ~55	58 ~57	59 ~60
팔굽혀펴기	합격	특급	72 이상	70 이상	68 이상	65 이상	61 이상	57 이상	54 이상	51 이상	49 이상	47 이상	44 이상	42 이상
		1급	64 ~71	62 ~69	60 ~67	57 ~64	53 ~60	49 ~56	46 ~53	43 ~50	41 ~48	49 ~46	36 ~43	34 ~41
		2급	56 ~63	54 ~61	52 ~59	49 ~56	45 ~52	41 ~4	38 ~45	35 ~42	33 ~40	31 ~38	28 ~35	26 ~33
		3급	48 ~55	46 ~53	44 ~51	41 ~48	37 ~44	33 ~40	30 ~37	27 ~34	25 ~32	23 ~30	20 ~27	18 ~25
	불합격		47 이하	45 이하	43 이하	40 이하	36 이하	32 이하	29 이하	26 이하	24 이하	22 이하	19 이하	17 이하

등급		연령												
		25 이상	26~30	31~35	36~40	41~43	44~46	47~49	50~51	52~53	54~55	56~57	59~60	60 이상
합격	특급	86 이상	84 이상	80 이상	76 이상	72 이상	68 이상	65 이상	62 이상	60 이상	58 이상	56 이상	54 이상	52 이상
	1급	78~85	76~83	72~79	68~75	64~71	60~67	57~64	54~61	52~59	50~57	48~55	46~53	44~51
	2급	70~77	68~75	65~71	60~67	56~63	52~59	49~56	46~53	44~51	42~49	40~47	38~45	36~43
	3급	62~69	60~67	57~64	52~59	48~55	44~51	41~48	38~45	36~43	34~41	32~39	30~37	28~35
불합격		61 이하	59 이하	56 이하	51 이하	47 이하	43 이하	40 이하	37 이하	35 이하	33 이하	31 이하	29 이하	27 이하
합격	특급	12:30 이하	12:45 이하	13:00 이하	13:15 이하	13:30 이하	13:45 이하	14:00 이하	14:15 이하	14:30 이하	14:45 이하	15:10 이하	15:35 이하	16:00 이하
	1급	12:31~13:32	12:46~13:52	13:01~14:12	13:16~14:32	13:31~14:49	13:46~15:05	14:01~15:25	14:16~15:42	14:31~16:02	14:46~16:19	15:11~16:46	15:36~17:13	16:01~17:40
	2급	13:33~14:34	13:53~14:59	14:13~15:24	14:33~15:49	12:50~16:07	15:06~16:26	15:26~16:51	15:43~17:09	16:03~17:43	16:20~17:52	16:47~18:23	17:14~18:51	17:41~19:19
	3급	14:35~15:36	15:00~16:06	15:25~16:36	15:50~17:06	16:08~17:26	16:27~17:46	16:52~18:16	17:10~18:36	17:44~19:06	17:53~19:26	18:24~19:59	18:52~19:29	19:20~20:59
불합격		15:37 이하	16:07 이하	16:07 이하	16:37 이하	17:07 이하	17:27 이하	17:47 이하	18:17 이하	18:37 이하	19:07 이하	20:00 이하	20:30 이하	21:00 이하

2. 여군

종목	등급		연령											
			25 이상	26 ~30	31 ~35	36 ~40	41 ~43	44 ~46	47 ~49	50 ~51	52 ~53	54 ~55	56 ~57	59 ~60
팔굽혀펴기	합격	특급	35 이상	33 이상	31 이상	29 이상	26 이상	24 이상	22 이상	19 이상	17 이상	15 이상	13 이상	12 이상
		1급	31 ~34	29 ~32	27 ~30	25 ~28	23 ~25	21 ~23	19 ~21	17 ~18	14 ~16	13 ~14	11 ~12	10 ~11
		2급	27 ~30	26 ~28	23 ~26	22 ~24	19 ~22	18 ~20	16 ~18	14 ~16	12 ~13	10 ~12	9 ~10	8~9
		3급	23 ~26	22 ~25	20 ~22	18 ~21	16 ~18	15 ~17	13 ~15	11 ~13	9~11	8~9	7~8	6~7
	불합격		22 이하	21 이하	19 이하	17 이하	15 이하	14 이하	12 이하	10 이하	8 이하	7 이하	6 이하	5 이하
윗몸일으키기	합격	특급	71 이상	68이상	66 이상	63 이상	60 이상	57 이상	55 이상	54 이상	53 이상	52 이상	50 이상	48 이상
		1급	63 ~70	60 ~67	58 ~65	55 ~62	52 ~59	49 ~56	47 ~54	46 ~53	45 ~52	44 ~51	42 ~49	41 ~47
		2급	55 ~62	52 ~59	50 ~57	47 ~54	44 ~51	41 ~48	39 ~46	38 ~45	37 ~44	36 ~43	34 ~41	33 ~40
		3급	47 ~54	45 ~51	42 ~49	39 ~46	36 ~43	33 ~40	31 ~38	30 ~37	29 ~36	28 ~35	26 ~33	25 ~32
	불합격		46 이하	44 이하	41 이하	38 이하	35 이하	32 이하	30 이하	29 이하	28 이하	27 이하	25 이하	24 이하

등급		연령												
		25 이상	26 ~30	31 ~35	36 ~40	41 ~43	44 ~46	47 ~49	50 ~51	52 ~53	54 ~55	56 ~57	59 ~60	60 이상
합격	특급	15:00 이하	15:18 이하	15:36 이하	15:54 이하	16:12 이하	16:30 이하	16:48 이하	17:06 이하	17:24 이하	17:42 이하	18:10 이하	18:35 이하	19:00 이하
	1급	15:01 ~16:14	15:19 ~16:38	15:37 ~17:02	15:55 ~17:26	16:13 ~17:46	16:31 ~18:06	16:49 ~18:30	17:07 ~18:50	17:25 ~19:14	17:43 ~19:34	18:11 ~20:03	18:36 ~20:30	19:01 ~20:57
	2급	16:15 ~17:29	16:39 ~17:59	17:03 ~18:29	17:27 ~18:59	17:47 ~19:21	18:07 ~19:43	18:31 ~20:13	18:51 ~20:35	19:15 ~21:05	19:35 ~21:27	20:04 ~21:56	21:31 ~22:25	20:58 ~22:53
	3급	14:30 ~18:43	18:00 ~19:19	18:30 ~19:55	19:00 ~20:31	19:22 ~20:55	19:44 ~21:19	20:14 ~21:55	20:36 ~22:19	21:06 ~22:55	21:28 ~23:19	21:57 ~23:49	22:26 ~24:19	22:54 ~24:49
불합격		18:44 이하	19:20 이하	19:56 이하	20:32 이하	20:56 이하	21:20 이하	21:56 이하	22:20 이하	22:56 이하	23:20 이하	23:50 이하	24:20 이하	24:50 이하

이 표를 보면 남군과 여군의 기준이 큰 차이가 있음을 알 수 있다. 군 뿐만이 아니라 소방관, 경찰도 마찬가지인 것으로 알고 있다. 같은 직책에서 같은 임무를 수행하려면 성별과 관계없이 같은 기준이 적용되어야 한다.

전투하면 먼저 떠오르는 것은 보병일 것이다.

총을 들고 수류탄을 던지며 적과 싸우는 군인들이다. 때론 고지(高地, 평지보다 높은 땅으로 군에서 고지는 방어나 공격 시 적을 통제할 수 있는 중요한 산의 정상을 말함)를 탈환하기 위해서 한숨에 올라가서 적과 싸울 수 있는 강인한 체력이 요구된다.

하지만 앞의 표와 같이 같은 나이의 여군과 남군의 체력측정 기준이 다르다. 전투 시 여군 주변에 떨어진 수류탄은 AI 수류탄이어서 늦게 터진다. 총알은 여군이 아파할까 봐 남군만 찾는다. 여군은 다리가 굵어질까 전시에도 무조건 차량으로 이동토록 하며, 고지 탈환 시에는 제외시킨다. 남자는 하체가 튼튼해야 한다며 남군은 행군을 시키고 고지 탈환 시에는 "남군만 돌격 앞으로!"를 지시한다. 정말 입으로 방귀 뀌는 소리다. 체력검정 결과는 진급 심사에도 반영되는데 특급을 받은 여군과 1급을 받은 남군 중 누가 진급에 선발될 확률이 높을까? 여군이다.

그런데 누구의 체력이 더 우수하지? 남군이다. 그러나 남군은 진급에 탈락되고 여군이 진급된다. 체력만이 아니다. 정책적으로도 여군을 일정 비율 이상 선발하고 있다. 고추를 달고 태어났다고 좋아했던 시절은 갔다. 고추가 달렸다고 역차별 받는 시대가 우리 군에도 왔다. 내가 달고 싶어서 달고 태어났나? 태어나 보니 달려있는 것을 나보고 어쩌란 말인가. 진급에 미련이 있는 자는 수술이라도 해야 하나?

군인은 강인한 체력과 정신력이 있어야 한다. 적은 남녀노소를 가리지 않는다. 투하되는 포탄에는 눈이 없다. 총알은 직진한다. (정확히 이야기하자면 '~'이런 궤적을 그리지만) 고지를 탈환할 때 여군이라고 하여 시간이 더 주어지지 않는다. 전쟁은 젊은 연인이 만나 "자기야 나 잡아봐라~"라며 여유 있게 즐기는 데이트가 아니라는 것이다.

전투는 남군만 하는 것이 아니다. 전투는 남군만 한다면 그럼 여군은 무엇을 할 것인가? 그렇기 때문에 필자는 군에서는 성별을 떠나서 체력조건 기준은 반드시 같아야 한다고 말하는 것이다. 나이별 병과 별로 차이를 둔다고 한다면 차라리 이해된다. 같은 체력검정 기준을 적용하는 것은 성차별이라고 이상한 논리를 펴지 말아야 한다. 군인이기에 체력만큼은 같은 기준으로 적용해야 한다.

우리 스스로 여성이라는 것만으로 차별을 두는 것은 바람직하지 못하다. 여성이기에 모유 수유를 위한 전용공간, 생리 기간 맘 놓고 휴식을 취할 수 있는 여성 휴게 공간 같은 것은 반드시 마련해 주어야 하는 등 여성을 배려해야 하는 것은 꼭 있어야 한다. 하지만 군인의 체력검정기준은 다르다. 전투력이라는 특수성과 진급에 대한 형평성을 고려해서라도 성별을 따지는 것은 역 성차별인 것이다. 역성차별을 없애기 위해서라도 하나하나 잘 따져보고 제도들을 개선해야 한다.

골 때리는 군 골품제

필자가 2016년도에 3차 중령 진급 선발에서 탈락하고 고군반에서 같이 교육을 받았던 노 모 중령을 O야전군(지금은 해체됨)에서 만났다. 20년 가까이 서로에게 연락을 주고받으며 친하게 지내왔던 사이였다고 나만 생각했던 것 같다. 필자가 "선배님 혼자만 진급하지 말고 나도 진급 좀 시켜줘요!"라고 웃으며 한 이야기에 "넌 육사 출신이 아니잖아, 내년에 하면 돼!" 이건 무슨 댕댕이 짖는 소리인가? 잘못 들었나? 1차 진급만 해오던 육사 출신 노 모 중령이 2018년도 대령 진급 1차 선발에 탈락하였다. 육사 출신이라서 미치고 환장할 것이다. 물론 그는 2019년도에는 진급을 하였다.

이뿐만이 아니었다. 진급에 탈락한 필자에게 훌륭하고 한없이 존경하는 역시 육사 출신이며 한미연합사에서 과장으로 모셨던 우리 PJS 대령은 필자가 선발에서 제외된 진급자 명단이 발표된 직후 "넌 사무실에서 왜 인상을 쓰고 있냐?"라고 도발을 하시더라. "그럼 진급에 떨어졌는데 웃고 다닙니까?"라고 친절하게 답례해 드렸더니 자기 방으로 따라오란다. 방에 들어갔더니 "넌 육사 출신이 아니잖아! 진급에 떨어질 수도 있지!"라며 다시 한번 친절하게 필자 출신을 상기시켜 주었다.

그리고는 "과장이 이야기하는데 그딴 식으로 이야기를 하느냐?"며 2차 도발을 하시기에 "과장님! 이럴 줄 알았으면 육사에 진학할 것을 그랬습니다."라고 필자는 다시 대응 사격을 했다. 아직도 공격 의지가 있었든지 "육사 점수가 얼마나 높은데!"라며 최후의 발악을 하기에 "과장님 고향이 청주시라면서요? 그리고 처남이 저와 같은 대학교 나왔다면서요? 저도 그 대학교를 졸업했고 제가 1994년도에 입학할 당시에 저희 학과 커트라인이 육사보다 높았습니다."라며 즉각 응사하였다.

도발 원점까지 휩쓸어 버려 공격 의지를 반드시 말살 해야겠다는 생각으로 "지금 전역 지원서를 써버리고 전역할까 고민 중입니다."라며 꽤 강하게 나간 필자에게 "이제 곧 연금을 받을 텐데 조금만 더 참아라. 네 마음을 몰라서 미안하다"라며 꼬리를 내렸다.

그 후 PJS 대령은 필자에게만큼은 어떠한 도발도 하지 않았다. 아참! 이분도 항공병과이다. OO작전사령부에서도 필자와 같이 근무했었다. 이분의 전화번호도 소중히 잘 저장하고 있다. 2년 전인가 잘 기억은 나지 않지만, 전화를 몇 번 하였는데 PJS라는 이름 석자가 화면에 뜨길래 받지 않았던 기억이 떠오른다. 그 후 카톡으로 "내가 조 소령한테 매우 서운하게 했나 보다. 미안하다."라는 마지막 문자도 보내주었다. 이분과의 추억도 PJY 대령만큼이나 많지만, 마음만은 여렸던 우리 PJS 형님.

역사는 반복된다고 하지만 이놈의 출신. 진골, 성골 따지는 골품제(骨品制)가 지금까지도 우리 군에는 있나 보다. 신라 시대 6두품 출신으로 신라에서는 아찬 이상의 벼슬에는 오를 수 없는 현실에 당나라로 건너가 당나라 과거 중 하나인 빈공과에 장원급제하고 당나라 황제에게까지 실력을 인정받았던 최치원의 마음이 이해되었다.

출신을 떠나서 인재를 고르게 등용해야 그 조직은 발전한다. 어느 조직에서 출신을 강조하면 인재는 떠난다. 그 조직이 국가라면 차별없는 외국으로 나간다. 골 때리는 군 골품제는 반드시 없애야 한다. 그래야 유능한 인재들이 남아서 우리 군 조직을 발전시킨다.

대군 신뢰도 증진, 군 위상 제고? 개나 주세요

　군에서 사고가 발생하면 늘 대책 회의를 한다. 장관의 지휘서신을 시작으로, 총장이 주관하여 대책 회의를 하고 또 군단별로 회의를 하고, 은어로는 코로나19, 정식명칭은 우한 폐렴, 전문용어로는 중국발 역병, 이 질병이 유행 중에 군에서는 기혼 간부들에게도 숙소 대기와 음주를 금지했다. 그러던 중 일부 간부들의 일탈로 인하여 음주 사고가 동시에 발생한 적이 있었다. 그때 총장 주관으로 전군 주요지휘관(군단장급 이상 장군만 20여 명, 사·여단장도 화상회의 화면에 등장하지 않았을 뿐이지 모두 다 청취는 했으니 우리나라 장군들 거의 모두가 참석했었을 것이다.)을 대상으로 화상으로 대책 회의를 했다.

　그때 총장이 시작 말씀에서 "대군 신뢰가 무너지고 있다."라고 말을 시작했다. 우리 군은 언제까지 대군 신뢰를 외치고 있어야 하는가? 군인 출신이 정치를 했다는 이유만으로 우리 군인들은 국민으로부터 외면받고 있었던 과거부터 지금까지 우리 군은 대민 지원, 자원

봉사활동, 부대초청행사, 언론을 통한 선행활동 홍보 등 수없이 대군 신뢰 향상을 위해 노력을 해왔다. 하지만 군인권센터 소장 임 아무개 (국가기관이 아닌 민간 시민단체에 불과한데도 멍청하고 소신 없는 숱한 군 고위 간부들이 꼼짝 못하는 인물)나 페미니스트들의 군에 대한 막말과 자그마한 군 관련 사고라도 대서특필하는 좌편향 언론들, 요즘은 육대전(육군훈련소 대신 전해드립니다) 때문에 많은 부대가 난리더라. 부자와 당나귀에서 팔랑귀 부자라는 생각이 많이 드는 것이 사실이다.

우리 군은 수많은 예산을 들여가며 외부용역을 주어 개선방안을 만들어 전군에 적용하려 노력을 해왔다. 하지만 이제 우리 군은 알아야 한다. 군이 아무리 **G-Ral** 발광을 해 봐야 절대로 대군 신뢰도를 쌓을 수 없으며 군의 위상이 향상되지 않는다. 그걸 멍청하고 소신 없는 고위 간부들은 모르는 것인가? 그렇다면 어떻게 군의 위상과 대군 신뢰도를 향상시킬 수 있다는 것인가?

미국의 심리학자 버러스 프레더릭 스키너(Burrhus Frederic Skinner, 1904~1990)는 어떤 행동을 증가시키거나 감소시키는 핵심 원리는 그 행동에 뒤따르는 결과(보상이나 처벌)에 있다고 하였다. 즉 사람은 누군가가 옳은 행동을 해서 칭찬을 받았다면 그 행동을 따라 하고, 옳지 않은 행동을 한 사람이 처벌을 받는 것을 보면 옳지 않은 행동을 하지 않는다는 것이다. 그러면 우리 군은 어디를 보고 행동을 강화해야 하는가? 바로 미국과 이스라엘이라고 생각한다. 그들이 대민 지원, 봉사활동 등 다양한 활동을 하여 국민들로부터 신뢰를 받고 있는가? 아니다.

예를 들어 미군의 고위 간부들은 정부의 잘못된 정책이 있으면 과감히 잘못되었다는 것을 지적한다. 이스라엘은 PLO(팔레스타인 해방기구)나 주변 중동국가에 대해 과감한 적극적 억제정책을 펴고 있다. 우리 군은 장관부터 고위 간부들이 정부의 대북정책이 잘못되어 있다면 국가안보를 생각해서라도 과감하고 소신 있는 발언을 해야 한다.

그리고 강해져야 한다. 강해져야 한다는 이야기는 모두 다 아는 사실이라고 이야기할 것이다. 하지만 필자가 이야기하는 강해져야 한다는 것은 억제정책이 강해져야 한다는 것이다. 우리 군은 정권에 따라 조금씩 달랐지만 문정부에 들어와서는 북한에 대하여 소극적인 아주 소극적인 억제정책을 펼치고 있다. 아니 아무 소리도 못 하고 있으며 우리 군에 간섭하는 것에 대해서는 연합훈련 축소 등 그들의 요구대로 해주고 있다. 이것은 국민을 다 죽이고 자유민주주의 이념을 팔아먹는 행위이다.

오히려 더 강하게 해야 한다. 정부가 잘못되었다면 맞서야 한다. 만약 그렇게 하지 못하겠다면 전역을 선택해라. 물론 청와대에서 NSC를 통해 결정돼야 할 일이지만, 국방부는 강하게 해야 한다. 그러고 나서 국제사회와의 조율 등의 몫은 나머지 행정부처에서 해야 할 일이다.

이제 우리 군은 정권의 대북정책에 대해서만은 눈치 보지 말고 적극적 억제정책으로 바뀌어야 한다. 선제적으로 대응하라는 것이지 절대로 선제공격을 하라는 의미가 아니다. 북쪽의 빨갱이들이 미사일(좌편향 정부에서는 미상의 발사체라고 표현)을 발사한 것을 '분석 중'이라 말하고 전방에서나 NLL에서 북한의 도발에 대하여 거의 무대응이나 상급 부대의 눈치를 보느라 대응을 하지 못하고 있다.

만약 전방 GOP에서 적의 총격 도발이 일어났을 경우 분대장이라도 화기 등 분대가 가용한 모든 자산을 동원해 대응 사격을 할 수 있도록 해야 할 것이고, GOP 대대, 전방연대, 전방사단, 군단 포병, 필요시 공군자산까지도 동원해서 도발 즉시 원점이라고 판단된 곳을 즉각 초토화시켜야 한다. 그래야 절대로 그들은 도발하지 않을 것이다. 어떤 화기로 몇 발을 쐈는지 분석하고 분석 결과를 가지고 어느 제대에서 승인할 것이며 어떤 자산으로 몇 발에 대응할 것인지 하는 것이 지금 우리 군의 북괴 도발에 대한 대응 매트릭스다. 한심하다. 이런 절차를 거쳐 대응을 한다면 도발했던 인원과 장비는 벌써 자리를 떠난 뒤일 것이다.

내가 한 대를 쳤는데 수십 배 수백 배로 되받는다면 다시 도발할 정신 나간 인간들이 어디 있겠는가? 핵무기를 사용하지 않는 이상 지금의 무기체계로도 충분히 제압할 수 있다.
그리고 가능하다면 더 늦기 전에 북한의 핵 생산시설에 대해서도 타격을 해야 한다. 더 이상 시간이 지나면 저들은 핵무기를 가지고 우리를 위협할 것이며 그리된다면 우리는 그들이 요구하는 대로 질질 끌려다닐 수밖에 없을 것이다. 이런 적극적인 억제정책이야말로 우리 국민을 살릴 수 있는 길이고 자유 대한민국을 지킬 수 있는 길이다. 그리고 내적으로 대군 신뢰니 군 위상이니 하는 얼토당토 않을 소리를 하지 않아도 국민으로부터 신뢰와 존경을 받는 대한민국의 강한 국군이 될 것이다. 그런 사회가 된다면 우리 군인들은 국민보기 창피한 행동을 절대로 하지 않을 것이다. 아니 절대로 할 수 없을 것이다.

국방부 장관을 포함한 우리 군 고위 간부님들아! 당신들이 지금까지 이야기해 왔던 '대군 신뢰도 증진! 군 위상 제고!' 개나 주세요.

디지로거

디지로거(Digiloger)… 생소한 단어일 것이다. 디지털과 아날로그의 합성어인 디지로그란 말은 있다. 매우 긍정적인 의미의 단어이다. 하지만 디지로그에 사람을 뜻하는 er를 붙여 디지털 시대에 살면서 아날로그 방식의 사고를 갖고 있는 사람, 즉 현실에 뒤떨어진 사람이라는 부정적인 의미의 단어로 의미를 주고 싶다.

십수 년 전, 어느 신문에 게재된 그림이 아직 생생히 기억난다. 굴비(이등병 계급장을 이마에 붙이고 있었음)가 굴비 두름을 들고 흔들고 있었는데 그 굴비 맨 위에는 대령 계급장을 아랫 굴비는 중령, 마지막 굴비는 대위 계급장을 이마에 붙이고 있었다. 그 이등병 계급장을 달고 있는 굴비는 음흉한 표정으로 굴비 두름을 흔들고 있었고 두름에 매달린 굴비로 표현된 간부들의 눈은 놀랍고 두려워하는 눈이었다. 병사 하나가 여단장과 대대장 그리고 중대장의 군 생활을 좌

지우지한다는 의미였다.

대한민국 국군이 창설 이후 지금까지 병영 내 부조리 때문에 많은 장병이 희생되었다. 많이 나아졌지만, 아직도 곳곳에 악습들이 완벽히 없어졌다고 할 수 없다. 하지만 언제까지 군 간부들은 병사들 때문에 군 생활의 꿈을 접어야 하는가? 그 이전에 얼마나 많은 생명들이 안타까운 선택을 해야 하는가? 얼마나 많은 간부가 언제까지 병사들의 악습을 색출하기 위해 계속 고생할 것인가? 세계 10대 경제 대국이자 IT 강국 대한민국에서 아직도 이런 일들 때문에 언제까지 수많은 행정력을 낭비할 것인가?

2014년 10월 22사단에서 총기 난사 사건이 발생했었다. 군에서는 TF가 구성되어 재발 방지를 위해 여러 가지 의견들을 종합했었다. 그 당시 필자는 사회와 연계한 장병 시스템 관리체계개선안(案)을 제안했었는데 채택되지는 않았다. 유사한 체계가 접수되었다고 회신을 받았는데 8년이 지나 필자가 전역한 현재 시점까지도 어떤 유사한 체계도 적용되지 않았다. 어떤 엉터리 같은 간부가 답변했었는지, 소령이었던 것으로 기억한다.

제안서의 핵심은 이것이다. 우리 군에서는 병사뿐만 아니라 간부들도 상급자가 전산으로 면담일지를 작성한다. 하지만 동료나 후임은 작성 권한이 없다. 군에서만 활용되는 이 면담일지는 지휘 참고용으로만 사용되며 사고가 발생했을 경우 관리를 얼마나 잘했는지 처벌 여부의 근거로만 활용된다. 그러니 병사들은 군 생활의 중요성을 모른다. 후임병들을 괴롭히고 자신의 소속 간부들의 안위에 관심이 없다. 그러기에 선임(선배)이 전역 직후 후임(후배)들이 관찰일지를 작성토록 하고 그렇게 작성된 관찰/면담일지를 기무사령부(지금의 안보지원사령부)의 중앙 서버로 이관 시킨 후 저장해서 관리를 시키자. 그런 후 기업은 취업 희망 인원의 군 생활 동안의 면담 및 관찰일지를 군으로 요청해서 자료를 받아 참고한다면 그 인원의 인성 등에 대해 확인할 수 있는 좋은 자료가 될 것이다.

일단 공기업과 공무원 채용에서 시행한 후 100대 기업 그리고 향후 모든 기업에서 요청하여 참고토록 하자는 의견을 제시했다. 군과 사회가 연계된다면 그들은 후배나 후임들을 괴롭혀 안타까운 상황으로 만들지도 않을 것이며 군 생활도 착실히 하게 되지 않을까? 부대에서는 간부들에 의해 그런 병사들의 관리에 대한 부담도 많이 줄어들 것이라는 제안이었다.

인터넷 속도도 세계 최고인 IT 강국 대한민국에서 이런 시스템을 갖추는 것이 어려운 일인가? 기업은 기업대로 검증된 인원을 채용할 것이고, 군은 순간의 잘못된 생각으로 자신의 앞날에 큰 과오를 남기지 않기 위해서라도 열심히 착하게 군 생활을 유도할 수 있지 않을까?

디지털 시대에 살고 있는 지금, 우리의 군인들은 겉모습은 디지털이지만 속은 아직도 아날로그 시대를 사는 것은 아닌가? 이런 디지로거는 하루라도 빨리 군에서 퇴출당하여야 한다. 그래야 우리 군의 미래가 밝아질 것이다.

반짝반짝 작은 별

우리 정부는 1948년 이범석을 초대 국방부 장관으로 시작하여 현재 47대 국방부 장관까지 대한민국 국방의 책임자로 임명해 왔다. 하지만 2020년 8월 28일 제47대 국방부 장관은 임명 후 많은 구설에 올랐다.

특히, 2020년 9월 21일 국회 법사위 회의에서 정회되자마자 아들의 군 복무 논란의 중심에 있는 추미애 전 법무부 장관에게 "많이 불편하시죠?"라는 발언이 화제가 되었다. 배려심이 참 많은 사람이다. 육군참모총장으로 재임 중 국방부 장관으로 내정되었을 당시 본인역시도 군복을 입고 있었다. 우한 폐렴 때문에 총장 주관으로 대책회의를 화상으로 진행하던 중 장관청문회를 준비해야 한다는 공개발언을 듣고 개탄을 금치 못했다.

현 문재인 정부의 안보 정책이 자유 대한민국을 지키기 위해 부합되는 정책이 어떤 것이 있는가? 9·19 군사합의를 시작으로 자유 대한민국을 지키기 위해 싸우다 희생된 고귀한 우리 선배 전우들에게 한마디도 하지 않은 것은 물론 추모행사에도 불참하고 북한 빨갱이들과 중국공산당을 위해서는 끝없이 고개 숙이는 문 정부.

이런 정부가 고관대작의 지위를 내릴 때마다 가문의 영광으로 생각하며 넙죽 받아먹고 또 다음 차례를 생각하는 우리 군 고위 간부들의 행태가 역겹다 못해 불쌍하다는 측은지심까지도 들게 된다.

참모총장 자리까지 오른 사람이라면 안보관과 국가관은 확실할 것으로 생각했다. 하지만 오해였던 것 같다. 내가 그였다면 이런 정부에서 국방부 장관에 대해 제안이 오면 과감히 거절 의사를 보였을 것이다. 그런 용단이 후배 장교들과 남아서 국가와 국민을 위해 희생하는 대한민국 국군장병들에게 본보기가 되고 자유 대한민국을 수호할 수 있는 원동력이 되었을 것이다.

내 생각에는 아마 그도 정치에 생각이 있는 것 같다. 만약 그런 생각이었다면 그는 하수 중의 하수다. 그가 만약 장관 자리 제의에 대하여 "현 정부의 안보관은 이 나라 자유 대한민국을 지키기 위해 평생 군인으로 살아온 나와의 안보관과 전혀 다르다. 그러기에 정중히 거절한다."라며 명예롭게 전역을 선택했었다면 그는 국군장병들과 국민들에게는 위대한 군인으로, 여러 정치단체들로부터는 러브콜을 끝없이 받았을 수 있었을 텐데, 하수 중에도 한참 하수다. 그런 그가

장관으로 가기 전 머리와 어깨에 달고 있던 별은 반짝반짝 작은 별이었나 보다. 여러모로 많이 의심되는 장군이다.

대다수 국민들이 종북, 친중 빨갱이 문재인 정권의 대가 끊기기를 염원한 가운데 2021년 야당에서, 많은 이들이 정권교체를 외치며 2022년도 대통령선거 후보로 등록하여 활동할 때이다.

장군 중에서 전 육군참모총장, 전 공군 참모총장, 전 한미연합사 부사령관 등 문재인 정부에서 군에 있었던 많은 장군 출신 인사가 전역 후 야당 대선후보 캠프에 합류했다. 문 정권의 탄압을 받는 일부 언론과 많은 우파 유튜버들이 예비역 장군들도 문 정권이 잘못되었다는 것을 인정하고 야당의 편에 섰다며 그들을 칭송하고 문 정권을 비판하였다. 하지만 그전에 반드시 짚고 넘어가야 할 것이 있다.

그들이 현역 장군 시절과 전역 후 예비역 장군으로서 문재인 정권과 맞서기 위해 무엇을 했나? 그들 모두 문 정부에서 최고의 계급까지 올랐고 임기 또한 모두 마치고 더는 있을 수 없을 때가 되어 전역했다. 문 정권이 안보를 해치고 있을 현역 재직 시절 그들은 무엇을 했나? 안보를 망치고 있는 최고 통수권자에게 한마디라도 한 적이 있나?

하나의 사례로 대규모 훈련이 북괴를 자극한다는 이유로 연합연습으로 축소될 때 그들은 무엇을 하고 있었나? 국군 최고 통수권자이기에 항명을 못하였겠지만 조용히라도 국방이 무너지지 않도록 대비하고 행동으로 실천한 것이 있나? 진심으로 우리의 안보를 걱정하기에 문 정권을 비판하며 야당 대선후보 캠프에 들어간 것인가? 아니면 후배가 국방부 장관에 임명되었고 선배들인 본인들은 정권 말기인 지금의 문 정부에서는 장관을 할 수 없다고 생각되었기에 '정권이 바뀌면 바뀐 정권에서라도 한자리 해 먹어야겠다.'라는 생각으로 야당 대선캠프에 합류한 것은 아닌가? 라는 합리적인 의심이 든다는 것이다. 정말 문 정권의 행태에 우리의 안보가 위협을 받고 있다고 생각했다면 현역 시절에 과감하게 전역 지원서를 내고 나왔든지, 아니면 문 정권의 지시를 정당하지 않다는 사유로 거부했어야 하는 것이 아닌가라는 아쉬움이 남는다.

작지만 아름답게 빛나는 위대한 별이 언제나 나오려나. 정권 눈치 보지 않고 할 말을 하며 오직 국가 안보만을 생각하는 그런 위대한 군인이 나와 우리 자유 대한민국을 수호하는 날이 꼭 오기를 진심으로 기원한다.

오늘따라 故 백선엽 장군님 생각이 많이 난다.

봉?

타인의 재산을 취하기 위해서는 일정한(합당한) 금액을 지불하는 방식이나 그와 비슷한 가치를 가지고 있는 물품을 주고 교환하는 방식, 아니면 기부를 받는 방식 등이 있다.

필자가 군에 복무할 당시 관재(管財, 재산을 관리) 업무를 맡아서 하는 기간 동안에 "이건 아닌데."하며 느꼈던 적이 있다. 현재는 감정평가를 받아 현금을 주고 국민들의 토지를 매수하고 있으나 1970년대에는 증발 보상증권을 발행하여 토지를 취득하여 군 시설을 설치하든지 사용하였다.

그 근거가 '국가 보위에 관한 특별조치법'이다. 이를 근거로 1970~1973년까지 7회, 1976~1977년까지 3회에 거쳐 시행되었다. 1968년 김신조가 침투하였으며 휴전 직후부터 북괴의 끊임없는 위협이 있었던 그 당시의 국가 재정은 녹록지 않았다. 그러다 보니 적은 금액을 국민들에게 지불하고 훗날 군이 토지를 활용하지 않게 된다면 원소유주에게 수의계약으로 일정 금액을 지불하고 돌려주기로 약속하고 토지를 취했던 것이다.

그 당시 시대 상황은 백번 이해한다. 지금도 국방개혁의 이유로 부대들이 재배치되고 있으며 작전환경이 변화됨에 따라 진지, 장애물, 검문소 등의 위치가 조정이 되고 있다. 이에 우리 군은 행정재산으로 활용 중이었던 군용지를 미활용 군용지로 전환하여 매각계획을 수립 후 증발 보상증권으로 취득한 토지는 원소유주(사망 시 상속인들)에게 수의계약으로 매각을 하고 현금으로 매입한 토지는 공개경쟁입찰을 통하여 매각을 추진하고 있다.

필자는 이 과정에서 두 가지 불편함을 느꼈다. 첫째는 미활용 군용지 전환 절차이다. 군에서는 더 이상 작전성 등의 필요성을 못 느끼는 토지에 대해서는 지휘관 주관으로 작전성을 검토하여 미활용 군용지로 전환해 매각을 추진해야 한다. 하지만 대다수 지휘관은 무엇이 두려워 미활용 군용지로의 전환을 시키지 못하고 힘들게 관리하는 것인가? 여기가 북한인가?

북한군 장성급 지휘관들은 십 년도 넘게 보직하는 경우가 허다하지만, 우리 군의 장성급 지휘관은 길어봐야 2년이다. 혹 문제가 되면 진급에 영향을 미칠까 봐 그런 것인가? 그만들 하세요. 필요 없는 토지는 빨리 매각을 통하여 얻은 수입을 국고로 환수토록 하여 국방비 등 재정확보에 이바지해야 하며 증발 보상증권으로 매입한 토지는 원소유주에게 돌려주어야 하는 것 아닌가? 만약 작전적인 측면이나 다른 이유로 토지가 필요하게 된다면 정상적인 매입과정과 합당한 비용을 지급하여 취득하면 되지 않는가? 국민의 재산을 보호하는 것이 아니라 군이라는 이유로 국민의 재산권을 해하려 하는 것 아닌가? 그래놓고 무슨 국민의 군대니 하는 엉터리 같은 말만 뱉고 있는가?

두 번째로 불편했던 것은 증발 보상증권으로 매입했던 토지에 대한 원소유주에게 수의계약으로 돌려주는 절차에 관한 내용이다.

아래의 표는 70년대 당시의 물가와 직업별 월급이다.

〈70년대 주요 품목가격〉

주요품목	담배 (1갑)	쇠고기 (1근)	시내버스	교육비 (대학)	자장면	택시 기본요금
금액(원)	10	375	10	126,400	100	50
주요품목	돼지고기 (1근)	라면	지하철 (1974년)	쌀 (40Kg)	교통 범칙금	소주/맥주
금액(원)	208	20	30	2,880	3,000	65/235

〈70년대 직종별 표본 급여〉

직능	의사	약사	건축토목 기사	간호사	연구원	교수
금액(원)	95,000	94,000	160,000	75,000	105,000	130,000
직능	교사	보모	기자	아나운서	국회의원	국무총리
금액(원)	99,500	18,800	94,000	87,100	870,000	353,600

〈70년대 직종별 표본 급여〉

직 능	의사	약사	건축토목기사	간호사	연구원	교수
금액(원)	95,000	94,000	160,000	75,000	105,000	130,000
직 능	교사	보모	기자	아나운서	국회의원	국무총리
금액(원)	99,500	18,800	94,000	87,100	870,000	353,600

그 당시에도 역시나 의원들 급여가 갑이었군.

당시 우리 군 65사단 전차 중대와 26사단 예하 부대가 주둔했던 연천군 초성리 일대의 증발 보상증권으로 매입했던 토지는 1㎡에 약 45원을 주고 매입했다. 심지어 일부 토지는 3.3㎡(1평)에 10원에 매입한 곳도 있다. 다시 돌아와서 연천군 초성리 토지를 기준으로 한다면 3,300㎡(1,000평)에 148,500원이란 이야기이다. 장관이나 국무총리 한 달 치 급여보다도 못한 금액이다. 그러다 보니 대부분 원소유주는 발행된 증권만 받고 공탁된 돈을 찾기 위해 법원을 가봐야 차비도 나오지 않기에 공탁된 금액을 찾지 않았다고 한다.

앞서 언급하였듯이 당시 국가 재정을 고려한다면 그 당시에는 그럴 수밖에 없었다고 본다. 하지만 지금은 매우 불편하다. 현재 국가는 수의매각으로 원소유주에게 돌려주기 위해 추진을 하고 있는데 취득할 때 가격에 물가 변동률을 적용한 금액을 받고 돌려주는 환매 방식(증권매수 환매권 유효기간은 15년임)이 아니라 감정평가를 받아 현재 시세로 지급해야 돌려주는 방식을 적용하고 있다.

따라서 토지를 많이 수용당한 사람일수록 천문학적인 금액으로 인하여 돌려받을 수 없는 상황이 된 것이다. 원소유주는 땅을 국가에 증권 한 장 달랑 받고 사용토록 하였고 삶의 터전을 잃어 소작농이 되거나 고향을 떠나 일용직 근로자 등으로 생계를 유지하게 되었다. 그들은 가지고 있었던 재산이 헐값에 넘겨졌기에 자식들 공부조차도 제대로 못 시키고 자식들의 재산축적도 불가능했을 것이다. 세월이 지나 원소유자가 사망함에 따라 소유권을 상속받은 자식들에게 접근하여 아주 적은 비용을 주고 권리를 양도받아 수의계약을 요구하는 인간들이 중개인(전문용어로는 브로커)들로 나타나는 상황까지 오게 된 것 아닌가?

이런 벼룩의 간도 빼서 먹을 사람들, 국회의원이나 국가는 그 토지에 대한 원소유주나 그 상속인에게 증권을 주고 취득할 당시의 금액에 물가 변동률을 적용한 금액을 받고 돌려주는 법을 제정하든지, 개정하든지 해야 한다. 그래야 군대, 나아가서는 국가가 국민들로부터 신뢰를 받을 수 있다. 말도 안 되는 민식이법과 같은 감성팔이 엉뚱한 법들이나 생각 없이 발의하지 말아라. 피부에 와 닿고 정말 필요한 법들을 발의해라.

국민이 느그들 봉(鳳)이냐?

눈 가리고 아웅

'눈 가리고 아웅 한다.' 즉, 얕은 수로 상대방을 속인다 라는 뜻이다. 현재 군은 국방개혁이란 명목으로 조직을 줄이고 있다. 특히 군 간부의 숫자를 줄이고 있는 대신 군무원 수를 늘리고 있다. 문제는 여기에 있다. 군 간부를 줄이는데 반대한다는 것이 아니다.

하지만 꼭 필요한 자리라면 양보하지 말고 논리를 가지고 설득하여 그 자리를 유지시키는 것이 맞지 않는가? 국가의 안위가 달린 문제이다. 하지만 도대체 무엇 때문에 양보하는 것인가? 정계로의 진출을 원하는가? 계급 하나 더 달기 위해서인가? 이런 감축 현상이 왜 문제인가? 라는 물음에 다음 몇 가지로 답변하려 한다.

첫째, 군 간부가 줄어든다는 것은 총을 들고 적과 싸울 인원이 줄어든다는 것이다. 군무원들에게는 총기를 주지 않는다. 방독면만 주어진다. 혹자는 행정직과 군수 관련 부대, 교육 관련 부대에 군무원으로 전환되는 것이 무엇이 문제인가? 라며 반론을 제기할 수 있으나 전쟁이 발발하고 전선이 밀려 전장에 투입될 인원이 부족할 때 소집되는 신병들을 언제 교육시켜 전장으로 투입 시킬 것인가?

현역 군 간부는 기본적으로 총기와 전투장비를 다루는 기술 그리고 지휘통솔력이나 전술적인 식견을 어느 수준 이상은 겸비를 하고 있다. 그러기에 유사시 전시 전환계획에 따라 즉각 투입하여 싸우도록 할 수 있다. 하지만 군무원은 가능한가? 그나마 현역에서 군무원으로 전환된 인원과 군필 남자군무원은 그래도 낫다. 하지만 군이라고는 처음 접해보는 남자군무원이나 여자군무원은 유사시 어쩌란 말인가!

둘째, 그들의 정년은 보장되어 있다. 예를 들어 중령이 근무하던 자리를 4급 서기관으로 전환시켰다면 중령의 정년은 만 53세이지만 군무원은 만 60세로 7년을 더 근무하게 된다. 결국 그들에게 지급되는 급여와 퇴직금, 퇴직 이후 받게 될 연금에 대한 국민의 부담도 늘어난다. 비용적인 측면에서도 지금보다 국가와 국민에게 더 부담을 주는 것이다. 매년 출산율이 감소하고 있는 지금 우리의 후손들이 짊어질 부담은 더 커질 것이다.

셋째, 현역들의 상위계급 자리가 줄어들어 좋은 인재들이 진급에 떨어질 것이고, 결국은 군을 떠나게 될 수밖에 없다. 어떤 조직이든 가장 이상적인 형태의 조직은 피라미드 형태이다. 하지만 이제 군은 이상한 형태로 변하고 있다. 물론 군무원들은 한자리에서 장기간 근무를 하든지 비슷한 직렬의 자리에 배치되어 근무하기에 전문성을 갖출 수 있다는 장점도 있지만, 필자가 보기에는 그들은 일반 공무원들과 다를 게 없다. 군무원들의 업무 자세, 상관에 대한 예의, 국가에 대한 충성도와 안보 의식이 군인과 같을 수 있을까? 더 이상의 설명은 생략하겠다.

이런 이유는 문민정부 시대부터 군사정권 타도라는 명분으로 군 조직을 축소하려 노력해 온 결과이고 우리 군의 높은 곳에 계시는 훌륭한 분들이 전역 후 제2의 인생(정계진출이나 고급 군무원으로의 재취업)을 이루기 위해 큰 그림을 그리며 설계한 결과라고 생각한다.

실제로 많은 현역 군인들이 대위와 소령은 6급 또는 5급으로 중령은 4급 또는 3급, 대령은 3급 이상의 군무원으로 재취업을 하고 있다. 2성(소장) 이하의 장군들은 국방부 시설본부장 등과 같은 기관장이나 교육사 예하 처·부장 자리를 군무원으로 전환하고 있으며 그 자리로 재취업을 하고 있다.

앞서 언급하였듯이 그나마 현역 출신들이 신분을 전환하는 곳은 조금이나마 안심이 된다. 하지만 그들보다 직위가 낮은 많은 현역 자리가 군무원으로 전환되고 있다. 이런 국방개혁이라면 절대로 반대한다.

군은 유사시 전투에 투입되어 싸워야 하며 반드시 승리해서 국민의 재산과 생명 그리고 자유를 수호해야 하는 집단이다. 그러기에 군인을 줄이고 군무원을 늘이는 이런 개혁은 반대한다는 것이다. 최소한 한쪽의 이득과 다른 쪽의 손실을 더 하면 0이 되어 균형을 이루는 Zero Sum은 되어야 하지 않나? 이것은 산수다. 수학이 아니다. 굳이 이과 출신이 아니더라도 산수는 할 수 있지 않나?

머릿수는 그렇게 보이게 하였지만, 북괴와 대치하고 있는 우리 군의 경우 이것은 분명히 손해 아니 국민에게 비용적으로나 안보적인 측면에서 해를 끼치는 결과만 나올 것이다. 그러고도 당신들이 진정한 군인이야? 안보는 옆집 개나 줘버리고 내 배만 채우려고 하는….

눈 가리고 아웅 하지 맙시다!

페달을 돌리지 않으면 자전거는 넘어진다

서울대 이면우 교수의 W 이론 중 '1등만이 돈을 번다는 고스톱, 2등이 제일 먼저 망한다는 포커 게임, 남자들이 숫처녀를 좋아하는 거처럼 세계 최초로 개발해야 성공한다. 그렇기 때문에 제일 먼저 개발해야 한다.' 등 많은 이론이 있는데 이 중 군 생활을 하며 군에 적용하면 좋겠다고 생각했던 것이 자전거는 쓰러지지 않으려면 계속해서 페달을 돌려야 하듯 기업은 끊임없는 연구개발을 해야 살아남을 수 있다는 이론이다.

우리 군은 거의 모든 것에 상황평가요소인 METT+TC를 잘 적용시켜야 한다며 늘 입으로만 강조하고 있다. 무슨 이야기인지 몰라서 그런가? 아니면 어떻게 적용시켜야 하는지 몰라서 그런가? 군에서는 토의와 보고서에서만 자주 등장하는 용어이다. 입만 살아있다.

상황평가요소 즉, METT+TC란 임무(Mission), 적(Enemy), 지형과

기상(Terrain and weather), 가용전투력(Troops), 가용시간(Time), 민간요소(Civilians)를 의미하며 필자도 입만 살았는지 이 말을 자주 사용하고 있다.

그러나 분명한 것은 이 상황평가요소가 군 뿐만 아니라 사회의 모든 분야에서 적용시킬 수 있으며 무조건 적용시켜야 한다고 생각한다. 변화되는 환경에 적응하고 살아남기 위해서는 우리 군도 열심히 페달을 돌려야 한다. 우리 군의 페달 역할을 하는 상황평가요소(METT+TC)를 작전 분야뿐만 아니라 전반적인 부대 운영에 시시각각 적용해야 한다.

예를 들어보면 지구온난화가 심해져서 여름철 날씨는 점점 더 뜨거워지고 있는데 아직도 초병들을 초소에 투입하고 있다. CCTV라는 과학화된 장비가 있는데 못 믿는다. 뜨거운 여름, 땀 냄새 풍기며 꾸벅꾸벅 졸고 있는 초병보다는 CCTV가 낫지 않나? 당장 과학화 장비 설치가 불가능하다면 초소에 에어컨이라도 설치해 보자. 필자가 직접 설치해 주었더니 한여름 근무 때문에 불만을 품는 병사가 없어지더라.

황사현상과 미세먼지는 점점 더 심각해지고 병력은 점점 더 감축되고 있는데 언제까지나 병사들을 주둔지 경계 작전에 투입할 것인가?

2019년도부터는 휴대전화기가 생활관에 반입되어 병사들이 통제된 시간에만 사용하고 있다. 그러면서 간부들은 불법 인터넷 근절 등 온갖 대책을 만들고 있다. 왜 통제시켜야 하지? 24시간 동안 개인이 보관하면 불법 인터넷 도박이 성행하나? 회수하여 통합으로 보관하고 일과 후 사용토록 하여도 할 놈들은 다한다. 개인이 보관하며 아침 기상도 알람을 맞춰 기상하고 외국에 거주하는 부모들이나 생산직 직장에서 주야 2교대로 근무하고 있는 부모들과 오전 일과 시작전이나 점심을 먹고 잠깐 휴식하는 시간에 통화하도록 하면 문제가 되는가? 장점이 훨씬 더 많다.

필자가 지휘관이었을 당시 24시간 개인이 보관하며 늘 충전하며 사용할 수 있도록 침대 머리맡에 콘센트를 설치해 주었다. 지휘관과 상담을 하고 싶거나 말 못할 고민이 있을 때 언제든지 지휘관에게 카톡으로 문자를 하고 격려나 조치를 해주며 생활토록 하였다. 휴일엔 침대에 누워서 음악도 듣고 영화도 보고 얼마나 좋은가! 물론 아무 문제도 생기지 않았다.

대부분의 부대는 전시 적의 화생방 및 포병 화력 공격에 대비하여 지금의 주둔지를 이탈하여 신 집결지(新 集結地, 새로 점령하는 지역)를 점령하는 계획을 갖고 있다. 지관(地觀)을 보듯 북쪽에 산이 있는 지역이나 외부에서 적에게 노출이 적은 지형에 계획한다. 신 집결지를 점령한 부대는 아직도 텐트를 치고 야외에서 숙영한다. 각종 검열 때마다 반드시 평가하는 항목 중 하나이다. 환경요인 즉 민간요소가 많이 바뀌었지만, 계획수립은 옛것을 그대로 따라 한다.

아니 그 머리는 대체! 주변에 수많은 건물이 있는데 굳이 왜 방호능력도 없는 텐트에서 숙영하려 하는 거지? 학교나 모텔, 그리고 지역별로 건설된 군인 아파트로 이동하면 안 되나? "101동은 1중대가 102동은 2중대가 103동은 3중대가, 취사장은 어린이집 주방을 이용하고 차량은 지하 주차장에 위치시킨다. 대대 지휘소는 관리사무소이다."

이런 필자의 생각이 문제가 있나? 텐트를 설치할 필요도 없으니 시간과 노력이 절약되고 건물이 높으니 주변을 감시하기에도 좋고 물만 공급만 해주면 용변도 걱정 없고 신속하게 이탈도 가능하지 않나? 제발 상황판단 요소를 어떻게 적용할 것인지 고민하고 또 고민하자.

페달을 돌리는 법을 모른다고 말하지 마라. 왜 해보지도 않고 겁부터 내는가? 모르면 노력이라도 해라. 무엇을 해도 지금보다는 나을 것이다.

자전거는 끊임없이 페달을 돌리지 않으면 왼쪽이든 오른쪽이든 넘어질 수밖에 없다는 것을 명심해라.

방목이 최선이자 최고이다

중앙아시아 유목민들은 그들의 가축을 초원에 방목(放牧)하며 키운다. 방임(放任)과는 다르다. 그들은 방목하며 키우는 가축들보다 먹이사슬 위에 있는 포식자인 늑대나 곰들로부터 가축을 지키기 위해 보초도 서고 먹을 풀들이 다 떨어질 때쯤 되면 다음 지역으로 이동하며 이동 시에도 끊임없이 낙오되는 가축이 없도록 노력한다.

이동 후에는 병이 들거나 상처를 입어 더 이상의 이동이 곤란하여 다른 무리의 생명에 위협이 될 수 있는 개체들을 선별하여 가차없이 도축하고 도축된 고기 중 일부는 그들보다 더 고생한 목양견에 먼저 먹인다.

그리고 나머지는 그들의 식량으로 사용하며 가죽은 팔아서 생필품을 구매하거나 그들의 방한용품으로 만들어 사용한다. 방목하여 키워지는 가축들에게는 구제역이나 광우병과 같은 전염병이 없다.

또한 시설에 가두어져 사육되는 가축들보다 강하여 항생제 같은 별도의 약도 사용하지 않는다. 사람도 마찬가지이다. 통제하며 관리하는 것이 아니라 방목하며 관리해 주는 것이 더 낫다. 유목민이나 지휘관의 입장에서의 방목은 결코 쉬운 것이 아니다. 하지만 우리 군은 이윤을 추구하는 집단이 아니다. 비유하자면 시설에서 살찌우며 식용으로 판매하여 이윤을 조금이라도 더 남겨야 하는 집단이 아니라는 것이다. 목이 마르면 스스로 물을 찾고 배가 고프면 스스로 풀을 찾아 뜯어 먹을 수 있도록 관리를 해주어야 한다는 것이다.

통제는 하면 할수록 부작용이 따른다. 계속해서 좁은 공간에 가두어 놓고 운동은 고사하고 오물과 섞여 생활을 시키게 되면 운동 부족으로 관절에 무리가 가게 되어 주저앉고 결국 면역력이 약해져서 구제역, 돼지열병 등과 같은 각종 병에 쉽게 걸리게 될 것이다. 전염병이 창궐할 때마다 외부로부터의 병원균 유입을 차단하기 위해 언제까지 방역이나 할 것인가? 아니면 최소의 통제 즉 방목을 통하여 부대원들의 몸과 마음을 건강하게 만들어 부대가 즐겁고 살맛이 나는 병영 생활이 가능해지도록 하여 유사시 적과 싸워 이길 수 있도록 만들 것인가?

유목민들이 병들거나 이동이 힘든 가축을 도축하듯 부대원들을 도축하자는 것이 아니다. 섬세하게 살펴주고 군 의료시설을 통하여 완치가 가능한 부하들에게는 그런 여건을 보장해 주어 완치시켜 소중한 생명을 지키는 동시에 전투력을 보존토록 하고 그것이 불가능한 부하들은 병역심사를 통해 조기 전역도록 조치를 하자는 이야기이다. 잘 생각해보길 바란다.

평일 병사외출 시행에 따른 대책, 일과 후 휴대전화기 사용에 따른 대책, 무슨 대책을 그렇게 많이 세우는지 모르겠다. 대책이라는 것은 결국 통제한다는 것 아닌가? 왜 통제만이 답이라고 생각할까? 통제를 많이 받으면 튕겨 나가게 되고 상급자의 지시가 없으면 스스로 아무것도 못하게 된다.

군은 언제부턴가 중대장은 소대장 짓거리를 대대장은 중대장 짓거리를 여단장은 대대장 짓거리를 하고 있다. 그 위 사단장, 군단장들도 마찬가지이다. 이유는 당연히 믿지 못해서가 아닐까? 믿지 못하니 당연히 현장에 답이 있다느니 손으로 직접 만져보라느니 현장에 위치하여 하나씩 직접 확인하도록 강조하고 있다. 그래 놓고 임무형 지휘를 하라고 이야기한다.

'임무형 지휘'란 독일어 Auftrag(임무)와 taktik(전술)의 합성어로 불확실성이 뚜렷한 전장에서 일선 지휘관에게 수단을 위임하고 행동에 대한 자율권을 부여하며 달성 가능한 임무를 제시함으로써 자유롭고 창의적인 전술 행동을 보장하는 지휘체계 또는 지휘 철학사상이다.

다시 말하자면 평소 부하들에게 믿고 맡겨야 가능한 것이다.

임무형 지휘를 하라고? 비타민 C다 ! 이건 또 무슨 소리? 무슨 소리긴! 부하들에게 권한을 주고 믿고 맡겨야 하는데 권한을 주기는커녕 상급 지휘관이 현장에 위치해 하나씩 직접 만져보고 확인하며 그렇게 통제해 놓고서 평소에 해보지도 않았던 아니 말로만 떠들어 왔던 임무형 지휘를 하라는 소리지! 참담하다.

그래서 최소한의 통제로 방목하여 우리 부하들이 스스로 생각하고 판단할 수 있도록 능력을 키워 주어야 한다는 것이다. 그래야 직책에 맞는 행동과 생각을 하게 된다. 그럴 생각이 없는 대대장은 중대장이 받는 만큼만 여단장은 대대장이 받는 만큼만 사단장은 여단장이 받는 만큼만의 급여를 받고 그 이상 받는 급여는 당장 국고에 반납해야 한다.

방목하듯 부대를 운영하자. 방목이 최선이자 최고이다.

군인이
군인에게 말한다

초심으로 돌아가자.

　군 간부들은 양성과정을 거쳐 임관하게 된다. 임관 후 군 생활을 하며 조금씩 망각하게 되며 사는 것 같다. 필자가 지휘관 시절 우리 간부들에게 "스스로 물어보고 반성해 봐라"며 교육했던 내용이 생각이나 몇 가지 정리해 보았다.

첫째, 내가 지금 여기에 있는 이유는? 의무복무이기 때문에, 군의 발전을 위해, 매월 받는 급여로 저축이나 해서 목돈을 만들기 위해, 아니면 왜?

둘째, 장기나 진급 선발 과정에서 탈락한 경쟁자들을 생각해 보았는가? 그들이 나 대신 이 자리에 있었다면? 지금 내 언행이 그들에게 떳떳한가?

셋째, 같이 임관한 동기들 그리고 같거나 유사한 직책을 수행하는 다른 간부들과 비교해 보았는가, 그들보다 잘하고 있는가?

넷째, 군 복무를 나의 생계 수단으로 이용하고 있지는 않은가?

다섯째, 내 조직원들은 나를 필요로 하고 있는가?

여섯째, 내 부하를 포함한 약자들에 대한 배려심은 품고 있는가? 내가 그들에게 어떤 언행을 하고 있는가?

일곱째, 조직에 얼마나 많은 이바지하고 있는가?

여덟째, 나는 업무를 추진하는 데 있어 '계획⇨준비⇨실시⇨평가'의 순서로 진행하고 있는가? 다음엔 실수를 하나라도 더 줄이기 위해 피드백은 하고 있는가?

아홉째, 악(齷, 악착스러움)과 강단(剛斷, 어려움을 견디며 굳세고 꿋꿋하게 어려움을 견딜 수 있는 정신력)이 있는가? 이 두 가지 중 하나라도 없다면 국가와 국민을 위해 하루라도 빨리 전역해야 한다.

군인은 노동자가 아니다. 군인이 군인다울 때 안보는 바로 설 수가 있고 안보가 바로 서야 이 나라가 굳건히 존재해 대한민국 국민이 자유를 누리며 살 수 있다. 하지만 군 생활을 하면 할수록 초심을 잃고 군을 생계의 수단으로 생각한다든지 자신의 출세만을 생각하게 되는 군인들이 많아진다는 것에 한없이 슬퍼진다.

지금이라도 늦지 않았다. 초심으로 돌아가자.

후배들과 부하들에게 꿈과 희망을 주자

수많은 회의, 보고서 작성, 끝없이 이어지는 야근 등을 할 수밖에 없도록 분위기를 만들며 부하들에게 때론 언어로, 때론 행동으로 스트레스를 주고 있는 높으신 분들, 과연 당신들의 부하들은 무슨 생각으로 군 생활을 하고 있을까. 하루하루가 힘들고 출근하기 싫어지도록 만들고 있지는 않나. 윗사람 보기를 두려워하고 또 피하고 싶도록 부대 분위기를 만들고 있지는 않나. 곰곰이 생각해보고 반성해야 한다. 내 부하들에게 꿈과 희망을 주고 있는가. 매일 출근하는 것이 즐겁고 퇴근 시간이 아쉬운 부대 분위기를 만들면 높으신 분들의 권위가 땅으로 떨어지는가? 높으신 분들은 그냥 가만히 있어도 그게 권위이다.

필자가 안양에서 근무했을 당시 인접 사단에서 총기에 의한 자살 사고가 발생했다. 휴일 지휘관이 회의에 참석한 후 전 간부를 소집했는데 그때 예하부대에서 근무하던 상사의 결혼이 있었고 주임원사를 포함한 많은 인원이 결혼식 축하를 위해 이동하다 말고 부대에 비상 소집되었다. 결혼 당사자는 물론 참석했던 수많은 지인에게 얼마나 쪽팔린 일인가? 민간 하객들이 "그동안 직장생활을 어떻게 했기에 직장동료 한 명도 참석을 안 했지?"라고 수군거리는 목소리가 멀리 있었던 내 귓가에 그대로 들려오는 것 같았다. 참으로 부끄러웠다.

필자도 갑자기 소집된 회의 참석을 위해 회의실에 들어갔을 때 정장을 입고 앉아 있었던 많은 간부의 모습을 생각하면 아직도 씁쓸하다. 아니 결혼 당사자를 생각하면 너무 미안했다. 지금까지도 그 회의를 일요일에 한 목적과 이유를 모르겠다. 회의 내용은 탄약과 총기 관리를 잘하라는 것이었다.

군 간부들은 계급이 높든지 낮든지 후배와 부하들에게 꿈과 희망을 주어야 한다. 그렇다면 꿈과 희망을 어떻게 줄 것인가? 여러분의 눈높이를 조금 더 낮추고 칭찬과 배려를 아끼지 말아야 한다. 그리고 최소한의 통제로 방목을 한다면 분명히 그들은 그러한 곳에서 꿈과 희망을 품을 것이다. 그래야 임무형 지휘도 가능하다고 생각한다.

선배들의 언행에 따라서 어떤 부대는 많은 후배가 군에 남기를 희망하고 병사들도 전문하사나 단기하사에 지원을 많이 한다. 가정폭력 경험이 있는 아이들이 성인이 되고 가정을 만들면 가정폭력을 행사할 확률이 더 커진다는 연구 결과가 있다.

    물론 성인인 그들 모두에게 적용되지는 않겠지만 그런 분위기에
서 생활한 초급 간부들은 그대로 배우고 행할 확률이 많은 것은 사실
이다. 하지만 후배들에게 꿈과 희망을 주는 멋진 선배들과 같이 근
무하고 있는 후배들은 훗날 선배의 위치가 되어서 후배들에게 꿈과
희망을 줄 수 있는 멋진 선배가 될 확률이 높을 것이다. 그런 분위기
가 된다면 군에 남고 싶어 하는 인원이 많을 것이고 그 많은 인원 중
에서 우수한 인원도 포함되어 있을 것이며 장기에 선발되어 우리 군
을 군답게 만들 것이다.

    그러기에 선배들은 후배들과 부하들에게 꿈과 희망을 주어야 한
다는 것이다.

제자리에서 제 역할을

　돔 경기장에서는 외부 기상에 영향을 받지 않고 운동경기가 진행된다. 밖에서 비가 오든지, 천둥이 치든지, 강풍이 불든지 번개가 치든지 경기를 할 수 있다. 운동하는 선수들뿐만 아니라 경기를 보기 위해 입장한 관중들, 진행요원 등 구장 내부에 있는 모든 것을 보호해 준다.

　하지만 지금까지의 우리 군은 어땠나? 언제부턴가 우리 군은 내부를 보호해야 하는 돔구장이 아닌 구장 안에서 경기하는 선수로 전락했다. 자신의 진급과 좋은 보직에 가기 위해서 뛰고 있는 그런 운동선수가 되어 있다. 외부의 힘으로부터 언제나 꿋꿋하게 버티며 국토를 방위하고 국민의 생명과 재산을 보호하기 위해 있는 것이 아니었다.

　돔구장이 그러하듯이 수시로 변화하며 우리의 안보에 위협이 되는 주변 환경에 대하여 어떠한 경우라도 꿋꿋이 그 자리에서 외부의 위협으로부터 내부에 있는 풀 한 포기 모래 한 줌이라도 보호해 주어야 한다. 그러기에 우리는 큰 비용을 들여 돔구장을 건설하는 것이고 그 시설을 유지하고 보수하기 위해서도 큰 비용을 들이고 있는 것이다. 이런 것이 우리 군의 진정한 모습이 아닐까? 외부의 어떠한 공격에라도 자유 대한민국과 국민을 지키는 역할을 해야 한다. 그래야 국민이 우리 군을 믿고 사회생활과 경제활동을 하는 등 자유롭고 평화로운 삶을 살 수 있다. 국민들 또한 자신들이 보호를 받기 위해 우리 군에게 지원을 아끼지 않을 것이다.

군인들에게 부탁한다. 지금까지 당신들은 진급을 위해서 노력해 왔다면, 좋은 보직으로 영전(榮轉)하기 위해 노력해 왔다면, 언론, 정치인들의 눈치를 보며 살아왔다면, 이제는 바로 서자. 그리고 어떤 환경에서도 당신들이 존재하는 목적과 이유를 명심하고 자리를 지켜주길 바란다. 돔구장에서 뛰는 운동선수가 아닌 그들의 안전을 지켜주는 돔구장이 되어야 한다. 이제 우리 군은 제 역할을 찾고 제자리로 돌아가야 한다.

오랜 기간의 일탈로 제자리에 돌려놓기가 쉽지 않다는 것을 잘 안다. 하지만 우리 군은 환골탈태의 고통을 스스로 받아들이고 이를 감내(堪耐)해야만 자유 대한민국을 더 오랫동안 지킬 수 있다는 것을 명심해야 한다. 안보와 이념은 절대로 양보하면 안 되는 것이다. 이념에는 타협이 없어야 한다. 우리 군은 국가와 국민의 안녕과 자유 민주주의 이념을 지켜야 한다.

Part 02

국민이
국민에게 말한다

왜 재벌만 갑질이라며 규탄대상이 되어야 하나? 갑질이라는 것이 재벌 오너가 아닌 일반 직장인에게는 없나? 재벌 오너 등 가진 자가 하면 갑질이기에 용서 못하고 나머지가 하면 갑질이어도 봐주어야 하나? 어느 나라가 정한 잣대이며 어느 나라 사전에 나와 있는 정의인가? 이것이 바로 아가리와 배설기관이 연결되어있지 않은 빨갱이 놈들의 잣대이다.

딱 거기까지 합시다

〈이만갑(이제 만나러 갑니다)〉, 〈모란봉 클럽〉 등 탈북자들이 각
종 TV 프로그램에 출연하여 본인들의 탈북 과정과 밀수 등 생계를
위해 북한에서 했던 일들에 대한 경험담을 생생하게 이야기할 때마
다 아니 지금도 자유를 찾기 위해 탈북을 꿈꾸며 목숨을 건 밀수 등
으로 탈북자금 마련이나 생계를 유지하기 위해 하루하루 힘겹게 살
아가는 북한 주민들이 앞으로 어떻게 살아가라고? 어떤 루트로 탈북
하라고? 지들 목숨은 부지하였고 안전하게 탈북하여 자유 대한민국
의 품에서 누릴 것 누리고 있으니 남아있는 사람들의 안위는 상관없
다는 이야기인가? 아니면 장마당을 없애고 북한 주민들의 탈북을 막
기 위해 위장하여 침투해 TV 프로그램에 출연해서 탈북 루트와 생활
상 등에 대하여 하나도 빠짐없이 이야기 하라는 김정은의 지령이라
도 받았는가? 김일성에게 장학금을 받아 열심히 공부한 덕분에 언론
사 고위직까지 오른 빨갱이 언론인들이 보은하는 마음으로 김정은
체제수호를 위한 조언을 하기 위해 그딴 주제로 프로그램을 계획하

여 돈이 필요한 탈북자들이 어쩔 수 없이 이야기하도록 유도하고 있는 것인가? 라는 생각을 많이 하였다.

아마도 후자일 것이라는 합리적인 의심을 하게 된다. 하지만 목숨을 걸고 탈북한 그들이 분명히 명심해야 할 것이 있다. 어떻게 찾은 자유인데 그깟 돈 몇 푼에 북에서 갖은 핍박에도 자유를 갈망하며 탈북을 꿈꾸고 있을 당신 동료들의 꿈까지 뭉개지 말아야 한다는 것을.

당신은 그럴 권한이 없다! 목숨을 걸고 탈북을 했으면 지금도 북에 남아 자유를 갈망하고 있을 주민들이 하루빨리 무사히 자유 대한민국의 품에 안길 수 있도록 조용히 도와야 하는 것이 당신들이다.

탈북자들아! 더 이상 빨갱이 언론인들에게 놀아나지 말고 인권유린을 당하고 있는 북한 주민들의 탈북을 돕든지, 자유를 만끽하며 평범한 대한민국 국민으로 행복하게 살든지, 아니면 평양에 가서 원정출산한 황선 (그러면 그 딸은 북한 시민권자인가), 그 남편 윤〇〇, 자칭 미쿡아줌마 신〇〇 같은 빨갱이로 의심되는 사람들과 뇌 속에 우동사리만 가득해 늘 북을 찬양하고 자유 대한민국을 부정하는 사람들을 찾아다니며 북한의 실태를 알려주고 교화시키든지…, 딱 거기까지만 해라. 더는 언론에 출연해서 천기를 누설하는 소리는 그만해야 한다. 자유가 그리워 목숨을 걸고 탈북을 했다고 각종 프로그램에 나와 탈북과정과 북에서 생계유지를 위해 했던 방법에 대해 떠벌려 북에 남은 주민들의 목숨까지도 위태롭게 만들고 있는 당신들한테 북한 주민들의 인권을 걱정하는 자유 대한민국과 국민들이 해 주어야 할 이야기는 "자유를 찾아 목숨을 걸고 대한민국에 온 것을 환영합니다." 딱 거기까지이다.

단일민족이라고? 함부로 C부리지 마라

우리의 역사를 보면 고려 시대에는 일곱여 차례나 원나라(몽골족)의 침임을 받았다고 한다. 오죽 시달렸으면 1231년 고종이 강화도로 천도를 하였는가! 조선 시대는 어땠나? 1592년부터 7년간 지속된 임진왜란으로 국토 대부분이 왜놈들에 의해 황폐화되었다. 토지결수로만 따져도 국토의 70% 이상이 유린당하였다. 그래도 정신을 못 차렸던 우리 조상님들께서는 1636년 청나라가 조선을 마음껏 짓밟도록 하였다. 바로 병자호란이다. 인조는 청나라의 공격을 피해 남한산성으로 피신했지만 결국 백성들이야 어찌되건 자기 목숨을 부지하기 위하여 청태종에게 머리까지 조아리며 속국을 인정하는 예까지 갖췄었다. 여기까지는 역사적 사실이다.

그런데 왜 우리는 중국에게는 관대하고(특히 문재인 정부) 일본에게는 눈이 뒤집힐까? 빨갱이들이 반일민족주의를 선동을 당한 국민들의 경솔한 생각과 행동이 아닌가라는 생각이 든다.

다시 본론으로 돌아와서 자기 목숨을 지키는데 급급한 임금들이 수도를 버리고 피신했다면 당시 본토는 어땠을까? 국토 대부분이 황폐화 되었을 것이다. 당시 일반 백성들은 무사했을까? 많은 남성은 죽임을 당하고 많은 여성은 겁탈을 당했을 것이다. 그 겁탈을 당했던 수많은 여성 중에 단군의 자손이 아닌 다른 민족의 자손을 임신한 여성들도 상당히 많았을 것이다.

옛날에 피임이나 낙태할 수 있었을까? 임신과 겁탈로 인해 자결한 여성들도 상당했을 것이다. 그나마 다행인 것은 윗동네 사람들이나 아랫동네 사람들이 우리랑 생김새며 피부색이며 눈동자 색깔이 거의 비슷하다 보니 다들 몰라서 아니면 알지만 모른 척 조용히 넘어갔을 것이다. 이 모두 나라가 힘이 없고 지도층이 무능해서 벌어졌던 일이다. 분명한 것은 당시에도 백성들은 잘못이 없다는 것이다.

지금도 친북좌파 정부가 들어서 안보를 위협하고 있을 때마다 당시 우리 조상들의 터지는 속에 빙의되는 듯 하다. 이러한 역사적인 사실들을 보고도 우리가 단군의 자손이며, 한민족이며, 단일민족이라고 말할 수 있는가? 자신 있게 말 할 수 있는 사람은 없을 것이다.

분명히 우리나라 사람들의 DNA는 예전에 이미 국제화되었을 것이라고 생각한다. 독립이나 통일을 위하여 민족의 독자성이나 우월성을 주장하는 사상인 민족주의를 내세우는 사람들은 외부 세력을 배척하고 우리 것만이 좋은 것이라고 주장한다. 그러니까 외국 시민 권자인 우리나라 사람이 한국말을 못하면 욕하고 우리나라에 거주하는 외국인이 한국말을 못하면 욕하는 것이다.

최근 우리나라 사람들도 국제결혼을 많이들 하고 있건만 여전히 우리는 단일민족만을 주장하며 우리와 머리카락 색, 피부색, 눈동자 색깔이 다르면 그들을 무시하고 있다. 특히 베트남, 필리핀, 태국 등의 동남아 여성들과 외국인 노동자들을 고운 시선으로 보질 않는다.

'우리가 단일민족이라 Go? 못 먹어도 Go, 죽어도 Go'는 화투판에서나 외쳐라! 자꾸 우리가 단일민족이라고 외치지 마라! 나는 힘없고 약한 민족들이나 우리나라 보다 못사는 나라의 국민들을 함부로 대하는 당신들과 같은 대한민국 국민이라는 것이 창피하고, 홀대받는 그들에게 더 이상 미안해지기 싫단 말이다.

단일민족이라고? 이러니 우리 대한민국 국민들은 민족주의에서 벗어나지 못하는 것이고, 그 민족주의를 이용하여 반일감정을 자극하고 북괴는 같은 민족이라고 선동하는 좌파들의 덫에 빠지게 되는 것이다. 이로 인해 북괴가 스스로 붕괴되어 평화통일로 이르도록 하는 것이 아니라 어떻게든 대놓고 도움을 줄 수 있는 명분 또한 주고 있는 것이다. 결국 단일민족임을 강조하는 민족주의로 인하여 그 추악하고 없어져야 할 정권이 계속 유지되도록 해주는 지금의 이 문 정권과 같은 빨갱이들이 사라지지 않는 것이다. 나는 그렇게 합리적인 의심을 할 수밖에 없다. 그러니 단일민족이란 말을 함부로 입에 올리지 마라!

국위선양? 개뿔이다!

리디아 고, 미셸 위, 하인즈 워드 등은 외국에서 활약하고 있는 한국계 운동선수이며 손흥민, 류현진, 강정호, 이강인 등은 외국에서 활약하고 있는 한국인 운동선수이다. 전자와 후자의 차이는 한국 국적이냐 아니냐는 것이다. 그들이 출연할 때마다 각종 방송국에서 생방송으로 중계할 때 아나운서나 해설가들은 한국인이라며 흥분하며 강조하지, 일부 생각 없는 국민들은 국위선양이라고 군대 면제를 해주라 하지, 한국에 방문이라도 하게 되면 엉터리 같은 언론들은 머리기사로 대서특필 보도를 한다.

그뿐인가? 우리나라 대기업들은 광고CF에도 출연시켜 돌아가서 잘 쓰라고 출연료도 손에 듬뿍 쥐여 주지. 결국 그들에게 주어진 천문학적인 광고료는 제품 원가에 포함되어 국민이 부담해야 한다. 도대체 뭘 국위선양이라는 것인가? 한국계 외국 국적의 선수는 그냥 외국인이다. 그들에게 물어봐라. 어느 나라 사람이냐고.

외국에서 활약하고 있는 한국인 운동선수는 그냥 돈을 벌기 위해 해외로 진출한 운동선수들이라고 생각한다. 왜 우리는 이들의 소식을 지나치게 궁금해 해야 하며 이들의 활약에 열광해야 하나? 국위선양(國威宣揚)이란 우리나라를 세계에 널리 알리려 국가 이미지를 높이는 것 아닌가?

그렇다면 삼성, LG 등 해외에 진출하여 'Made in Korea'를 널리 알리고 있는 대기업들이 진짜 애국자들 아닌가? 중국의 5G 장비를 사용하고 문 정부에 충성을 하고 있는 LG의 행태를 보면 가끔은 헷갈리지만, 또한 비인기 종목이라 할지라도 국제 경기에서 꾸준히 활약하며, 대회 때마다 태극기가 게양되고 애국가가 들리도록 해주는 선수들이 국위 선양을 위해 노력하는 진정한 애국자가 아닌가? 해외에 진출해 활약하는 그들이 진짜 애국자인지를 알기 위해서는 그들의 자녀들이 성인이 될 때 어느 나라 국적을 선택할 것인지와 또 남자라면 군대에 입대를 할 것인지까지는 조용히 지켜봐야 한다고 생각한다.

운동선수만 그런가? 정치인을 포함한 사회지도층의 자녀들은 어떤가? 대한민국 국적을 포기한다는 것은 우리나라 국민이라는 것이 부끄럽다고 생각하거나 귀화하는 국가의 국민으로 사는 것이 본인에게 유리한 점이 더 많기 때문일 것이다. 그런 것들이 매국은 아니지만, 진정 대한민국을 사랑하는 사람이라면 자신이 타지에서 조금 불편하게 생활을 하더라도 대한민국 국적을 자랑스럽게 생각하며 그

불편을 참고 대한민국 국적을 유지해야 하는 것이다. 그래야 '대한민국 만세!'도 외칠 수 있는 것이다. 대한민국의 국적을 포기한 사람은 우리나라에 대하여 참견하지 마라. 그리고 자녀가 대한민국 국적을 포기하는 것을 묵인하고 있는 우리 사회 지도층은 성인이 되어 자녀들의 의사를 존중하기에 그들의 선택을 따랐다며 말인지 방귀인지 구분할 수 없는 소리를 그 입 밖으로 내지 말라.

자랑스러운 내 조국 우리 대한민국에 대하여 평소 당신들이 가정교육을 얼마나 개똥같이 시켰는지 안 봐도 뻔하다.

양의 탈을 쓴 늑대 같은 인간들아! 소리 안 나는 총이 개발되면 필자가 먼저 달려가 진짜로 소리가 나지 않는지 그들에게 한 번 실험할지도 모른다. 국산품을 애용하자고 주장하는 그런 단순한 것이 아니다. 이 문제는 국산품을 애용하자는 것과는 분명히 다르다.

만약 그들의 국적으로 있는 나라와 대한민국이 전쟁하면 그들은 누구에게 총을 겨눌 것인가! 아울러 그들은 그들 국적의 정부에서 경제와 관련된 일을 하고 있을 때, 대한민국과 경제문제에 대한 이해관계로 대립해 있을 때, 어느 나라 경제에 도움이 되도록 일할 것인가!
그들의 부모가 대한민국 국민이라고 대한민국에 이득이 되도록 할 것이라고? 개똥같은 이야기를 하지마라. "니네 엄마 직업은 뭐니?", "응 우리 엄마는 한국 외교부 장관이야", "아니 너 미국인 아니야?", "맞아 한국은 원래 그래. 그래도 아무런 문제없어." 생각만 해도 입에서 끊었던 욕이 절로 나온다.

여러분들도 잘 알고 있듯 LPGA에서 우승 당시 한국계라며 자랑스러워했던 리디아 고는 2016년 리우 올림픽 때 뉴질랜드 대표로 참가했다. 참고하기 바란다.

같은 피부색, 같은 머리카락 색, 같은 눈동자 색을 가졌다고 무조건 응원하고 좋아하는 것은 민족주의적 발상이라고 생각한다. 그리고 외국에 스카우트된 우리 선수들은 국위 선양하러 간 것이 아니라 그냥 자신의 부를 축적시키기 위해 돈을 벌기 위해 간 것이다.

격려는 해줄 수 있지만 열광하지 마라. 필자가 할 수 있는 것은 딱 격려까지이다.

지(켜주지) 못(해서) 미(안해)

이정재 음주운전 교통사고(1999, 2002년), 서장훈 음주운전(2001, 2003년), 김구라 음주운전(2002년), 은지원 음주운전(2001, 2004년), 송강호 음주운전(2005년), 김준현 음주운전(2010년), 이수근, 탁재훈 불법도박(2013년), 빅뱅 TOP 대마초 흡연(2017년) 등은 범죄를 저지르고도 본인들이 생각하기에 길다면 길었겠지만 내 기준으로는 너무나 짧은 자숙기간을 거쳐 복귀한 대표적인 남자 연예인이다.

가수 백 아무개는 2000년, 전 남친에 의하여 성관계 동영상이 유출되었고 4년이 지난 다음에나 복귀했으며 복귀 당시에 많은 사람들이 그녀의 복귀를 반대했었다. 배우 오 아무개 또한 1998년 성관계 동영상이 유출되었고 10년이 지난 2007년이 되어서야 방송에 복귀하였다. 이처럼 여자 연예인은 범죄를 저지르지도 않았는데도 너무나 긴 시간이 흐른 뒤에나 복귀한다.

물론 여성들이기에 부끄럽고 창피한 감정 때문에 늦게 복귀할 수밖에 없었다는 것은 누구나 공감할 것이다. 하지만 사랑하는 사람과 합의에 의한 성관계가 범죄인가? 사랑하는 사람과의 성관계가 범죄라면 우리 모두 여기에 있을 수 없다. 우리 모두 우리 부모님들의 사랑을 통하여 탄생했다.

필자가 이야기하고 싶은 요지는 죄를 짓지 않고도 고통 속에서 하루하루를 보내다 용기를 내어 복귀한 여자 연예인들에 비해서 범죄를 저지르고도 짧은 자숙기간만을 거치고 복귀한 남자 연예인들을 다시 환영해 주고 예전의 인기, 아니 그보다 더한 전성기를 누리도록 해주고 있는 우리 국민들의 의식이 바뀌어야 한다고 생각하기 때문이다.

범죄를 저지르고도 여론이 잠잠해지면 언제든지 아무렇지도 않게 복귀해서 활동하는 것은 평소 자비로움이 몸에 밴 우리 국민들의 마음이 착해서인지 아니면 지능이 아메바(단세포의 원생동물) 수준이기에 아무 생각이 없어서인지 모르겠다.

지금도 그들을 보는 눈에서 하트를 뿅뿅 발사시키면서 바라보는 우리 국민들의 준법정신 수준은 다시 봐야 한다. 아무리 좋아하는 연예인일지라도 범죄를 저지른 사람들은 절대로 복귀시켜서는 안 된다. 용서해 주면 안 된다. 그래야 우리의 젊은 청소년들이 범죄의 심각성을 인식하게 되는 올바른 의식을 갖게 될 것이다.

연예인은 공인(公人)이다. 즉, 국가와 사회에 영향을 미치는 사람들이다. 그런 그들이 국민들에게 주는 영향은 대단하다. 범죄를 저지르고도 뻔뻔하게 복귀해 활동하는 파렴치한 연예인들이 이 땅에 서지 못하게 사회풍토가 조성되어야만 우리 사회의 미래는 밝을 것이다. 성관계 동영상 유출로 인하여 하루하루 고통 속에서 힘들게 지냈을 여자 연예인들이여 지. 못. 미. 다.

인민재판 그만하자. 그리고 당당하게 살자

청와대 국민청원 게시판에 접속해 보았는가? 요즘 대한민국은 여론몰이로 인민재판을 하자는 사람들이 정말로 많은 것 같다. 그러다 보니 우리는 한면만을 보며 지나칠 정도로 비판만 하고 있다. 그래서 정작 중요한 것은 놓치고 있다고 생각한다. 우선 알아두어야 할 것이 필자가 아래 언급할 사건의 가해자를 두둔하려는 것이 절대 아니라는 것이다.

지난 2018년 10월 14일 발생한 강서구 PC방 살인사건이 발생했다. 피의자 김성수는 담배꽁초와 음식물이 있었던 테이블을 치워달라며 아르바이트 직원인 신모 씨에게 요구하였고 그 요구가 수용되지 않자 이용료 천 원을 환불해 달라고 실랑이를 벌이는 과정에서 피의자는 소지하고 있었던 흉기로 아르바이트 직원을 잔인하게 살해하였다. 앞서 언급하였듯이 김성수의 살인행위를 두둔하자는 것은 절대 아니다. 또한 심신미약 등의 사유로 용서를 하자고 주장하는 것도 아니다. 살인은 잘못된 것이다. 김성수의 살인행위는 반드시 공정한 법의 심판을 받아야 한다. 그러나 왜 이러한 사건이 발생할 수밖에 없었으며 다시는 이런 흉악범죄가 재발하지 않도록 대책을 수립해야 한다고 주장한 사람이 있든가? 최종 인원은 기억이 나지 않지만 당시 86만 명이 넘었던 인원들이 국민청원을 통해 김성수를 강력하게 처벌해 달라며 지지를 하였다.

그러나 우리 사회가 재발 방지를 위해 어떤 조치를 해야 하며, 또 어떤 노력을 해야 한다며 이야기하는 것은 거의 듣지 못했던 것 같다. 김성수의 입장에서 생각해 보자. 상해 전과 2범인 김성수는 나이가 서른이 되도록 이렇다 할 직장도 없이 살고 있었다. 과연 그에게 어떤 희망이 있었으며 어떤 꿈이 있었을까? 당신들은 생각해 보았는가? 우리 사회는 약자에게는 한없이 잔인할 정도로 강하고 강자에게는 비굴할 정도로 약하다. 평소에 누가 김성수에게 사람대접을 해주었을까? 아마도 없었을 것이다. 그런 김성수는 돈을 내고도 PC방 아르바이트 직원에게까지 무시를 당했으니(김성수의 주장) 이 사회에 무슨 미련이 있었을까? 주변 사람들 모두를 해하고 싶지 않았겠는가? 만약 무시당했다는 김성수의 주장이 사실이었다면 190cm가 넘는 그 아르바이트 직원은 김성수의 외모나 언행을 보고 무시하지 않았을까?. 보통의 우리나라 국민의 인간성이다.

살인범 김성수는 반드시 처벌을 받아야 한다. 하지만 약자는 무시하고 괴롭히며 강자에게는 비굴할 정도로 약해지는 대한민국 국민들과 그런 국민들의 언행을 그냥 넘어가는 우리 사회 분위기가 과연 정상인가? 이런 것들을 하나하나 찾아서 모든 국민이 한마음이 되어 같이 고쳐나가자는 것이다. 사회에서 소외되는 사람들을 최소화하기 위해 다 같이 노력하자는 것이다. 특히 본인보다 약하다고 생각하거나 처지가 못하다고 생각되는 상대방이 있으면 함부로 대하는 우리나라 사람들의 의식수준이 바뀌어야 한다.

1992년 미국 LA 폭동에서 유독 왜 한인 가게들이 많은 피해를 입었는가? 사건의 발단은 고속도로를 과속으로 달리던 흑인 운전자인 로드니 킹을 추격하여 단속한 백인경찰 네 명이 로드니 킹을 사정없이 폭행했던 영상이 퍼지면서 일어난 폭동인데, 왜 우리 한인들의 가게의 피해가 가장 많았는가? 그건 평소 우리 교민들이 흑인들을 무시한 이유도 있지 않았을까? 폭동 후 TV 등에서 교민들이 흑인들을 대하는 것에 대해 나온 적이 있었다. 흑인들이 물건을 사고 지폐로 물건 값을 계산하니 잔돈을 계산대에 집어 던졌던 우리 교민들, 우리나라 국민들의 인종차별은 굉장한 것 같다.

물론 당시 백인들은 그들이 주로 거주하는 곳으로 흑인들이 오지 못하도록 중간지역에 위치한 한인타운으로 흑인 폭도들을 유도했다는 이야기도 있지만, 그것을 묻기에 앞서 우리나라 사람들의 생각과 태도가 먼저 바뀌어야 한다고 생각한다. 오죽하면 외국인들이 우리 민족을 겉은 노랗고 속은 하얀 바나나라고 할 정도 아닌가! 지금 이 시각에도 우리는 상대방의 외모를 보고 동남아 어느 나라 사람 같다는 등 우리 보다 못산다며 동남아 국가들을 무시하는 것 같은 이야기를 하고 또 그들을 무시하는 우리 국민들이 많다.

가끔 필리핀 등지에서 우리 교민이 현지인 총에 맞아 죽었다는 기사를 접할 때마다 당연한 결과가 아닌가? 라는 생각을 한다. 우리나라 국민들 중에 동남아 사람들을 무시하는 그런 인종차별을 하는 사람들이 많은 것은 사실이다.

한국 젊은이들이 기피하는 3D(Dirty, Dangerous, Difficult) 업종의 업체에서 우리 국민을 대신해 고용되어 일하는 외국인 근로자는 재해를 당해도 제대로 보상받지 못하고 있으며, 그런 외국인 노동자들을 국내에서 볼 때마다 고마워하지는 못할 망정 벌레 보듯 피하고 또 어디선가에서 홀대하고 있을 대한민국 국민들이여! 사람 위에 사람 없고 사람 밑에 사람 없다.

예전에 조선족들이 우리나라 식당에서 취업해서 일할 때는 더 했던 기억이 난다. 우리나라 요식업계 사장님들께서는 혹시나 그들이 여권을 잃어버려 단속되거나 자기 나라로 못 갈까 걱정되어 그들의 여권을 빼앗아 꼭꼭 숨겨 놓으셨고 여유가 있으면 고향을 생각하다가 다칠 것이 걱정되어 늘 바쁘게 숨 쉴 틈 없이 부리셨다. 때로는 그들이 심심하고 적적할까 봐 성추행까지 서슴지 않으셨다.

뿐만 아니라 행여나 그들에게 지급된 박봉이 도둑맞을 것이 걱정되어 그들의 봉급을 자신의 통장에 숨겨 주셨고 그들이 다치거나 사망하게 되면 한국에 오고 장례에 소요되는 경비가 유족들에게 부담될 것을 우려하시어 고향에서 그들을 그리워하며 하루빨리 돌아오기를 기다리고 있던 가족들에게도 알리지 않으셨던 바다와 같이 한없이 넓은 마음, 혹시나 이런 배려심이 없어 보이는 동일 업종의 사장님들께도 마치 예수님께서 복음을 전파하듯 널리 알려 주셨었다.

정말이지 말도 안 나온다.

그런 여러분들은 일제시대 우리 민족을 괴롭혔던 일본인보다 더 잔인하고 포악하다. 그래서 필자는 내가 대한민국 국민임을 너무나 다행스럽게 생각한다.

다음 언급하게 될 사건은 강자가 약자를 함부로 대한 것에 대한 내용은 아니지만, 인민재판을 하듯이 일방적으로 여론을 몰았던 예로 들 수 있는 대표적인 사건이라고 할 수 있다.

대한항공 故 조양호 회장 부인 이명희 씨가 건축 현장에서 직원이 들고 있던 설계도서를 집어던지며 난리 블루스를 쳤던 영상을 봤을 것이다. 우리사회를 양분화하여 갈등을 유발시키기 위해 언론에서는 계속해서 같은 동영상을 편집, 반복해 방영하였고 박○○ 전 사무장을 통하여 조현아 대한항공 부사장의 땅콩 회항을 국민들이 분노하도록 키웠다. 또한 조현민 대한항공 전무의 물컵 투척 사건까지 온 국민을 선동한 결과 국위 선양은 물론 우리나라 경제와 외교, 88올림픽 유치 등 문화·체육 분야에 크게 기여한 조양호 회장이 대한항공 경영에서 물러나게 하였고 결국 조양호 회장을 고인으로 만들었다.

대단한 언론이며 인민재판식 여론몰였다. 왜 빨간 놈들이 언론사를 장악하기 위해 그토록 노력했던 이유를 알 것 같다. 엉터리 같은 여론이 자꾸 국민들을 선동질하여 인민재판을 유도한다. 이명희 씨가 설계도서를 집어 던지고 여직원을 잡아당긴 이유, 조현아 부사장이 왜 마카다미아 때문에 회항을 지시한 이유, 조현민 이사가 물컵을 집어 던진 이유와 그 원인을 누가, 왜, 어떻게 제공했는지 정확한 이유를 알고나 있나? 필자도 모른다. 왜냐하면 언론에서는 그런 것들은 취급하지 않는다. 이미 엉터리 같은 언론에 선동되어 눈이 뒤집힌 국민들은 관심이 없었기 때문이다.

만약 이명희 씨가 공사와 관련하여 지시한 대로 제대로 시공이 되지 않았고, 이미 완료되어 수정이 불가능하다는 것을 알았다면 혹은 재시공하기 위해서 엄청난 추가 예산이 들 수밖에 없어서 그랬다 해도 그들을 비난할 것인가? 당연히 비난하는 사람들의 수는 많이 줄 것이다.

기업은 이윤을 추구하는 집단이다. 직원이 기업의 이윤에 막대한 영향을 미치는 실수를 하였다면, 당신이라면 가만히 있을 수 있을까? "힘내! 괜찮아! 그럴 수도 있어!"라며 격려할 수 있는 사람이 몇 명이나 될까? 제발 그런 엉터리 같은 언론들이 선동하는 대로 한 면만 보지 말고 저 사람이 왜 그럴 수밖에 없었는지, 우리 사회의 근본적인 문제가 무엇이며 어떤 변화를 주어야 하는지 등 냉정하고 다양하게 생각해보고 온 국민이 노력하여야 한다.

아무리 흉악범이라 할지라도 재판할 때는 최소 국선변호사라도 선임시켜주고 그 변호사를 통해 그들의 말을 들어주는데 왜 우리 국민들 상당수는 한쪽 이야기만 듣고 선동되어 인민재판을 하고 있는가? 너무나 안타깝다. 여론몰이와 선동으로 더 이상의 인민재판을 그만하자. 그리고 강자에게 더 강한, 약자에겐 한없이 약한 그런 당당한 삶을 살자. 우리 자손들이 소외되어 살아가는 사람이 없고 대대로 자유와 평화 속에서 꿈과 희망을 갖고 살 수 있도록 만들어 주어야 하는 것이 우리 기성세대들의 의무가 아닐까?

남이 하면 갑질, 내가 하면 뭐?

만약 내가 재벌이라면? 이런 생각은 해본 적이 없는가? 뭐가 문제이지? 여러분들이 항공사 사장이라면, 관세 없이 외국의 고가 제품을 들여올 수 있는 방법을 알고 있다면 또 할 수 있다면 높은 관세까지 주면서 사 오는 사람들은 과연 몇 명이나 될까?

여러분들이 육군 대장이라면 공관병에게 갑질하지 않으리라고 자신하나? 여러분들이 건설 회사를 보유하고 있는 기업인이라면 집안에 연못이나 수영장을 시공할 때 방수 등 테스트 비용을 자기 주머니에서 지불할 사람이 몇 명이나 있을까? 법 없이도 살 수 있는 척하지 마라. 만약 내가 재벌이라면 저들보다 더하면 더 했지 덜하진 않았을 것이라고 솔직히 고백한다. 그리고 왜 갑자기 5년이나 지난 오래전의 세금계산서가 지금 공개되었지? 거지 발싸개 같이 나쁜 놈이다.

정의당에 이 사실을 제보한 이는 OO의 곽OO 대표다. 곽 대표는 2005년부터 삼성물산과 거래 관계를 맺고 그동안 30여건의 공사를 진행했다. 당시 정의당의 윤 원내대표는 "그 회사는 2005년부터 2012년까지 한남동 삼성총수 일가 자택의 방수와 콘크리트 결함 문제를 해결하고 관련 공사의 재료 개발 실험에 동원됐다"며 "곽 대표가 처리한 공사비용 전액은 삼성에버랜드와 삼성물산 또는 ㈜계선을 통해 정산받았다고 한다"고 말했다. ㈜계선은 삼성물산의 공사비 대납으로 문제가 된 이 회장 자택 인테리어를 진행한 업체다.

이 업체 곽 대표는 기자회견에서 세금계산서와 자신이 공사를 맡은 이부진 사장 자택의 실내 연못 사진, 이 사장 자택 내 수영장 신축과 관련한 방수 실험 사진, 방수 실험을 진행해 달라는 삼성물산의 메일 전문, 삼성물산 사장이 직접 검토했다는 수영장 도면 등을 공개했다.

곽 대표가 정의당에 제공한 세금계산서(2019년 1월 8일)

㈜지스톤엔지니어링의 곽상운 대표가 8일 공개한 이부진 호텔신라 사장의 자택 수영장 공사를 한 뒤 받은 전자세금계산서. 정의당 제공

역정 당신도 모르는 사이에

㈜지스톤엔지니어링의 곽상은 대표가 8일 공개한 삼성 이건희 회장 전용 자동차 경기장에서 기 시공된 교량의 외관 및 방수 공사를 진행한 뒤 받은 전자세금계산서. 정의당 제공.

출처 : 2019년 1월 8일 경향신문 '삼성 총수 일가, 회삿돈으로 자택에 수
　　　영장·자동차 경기장 공사'

　5년도 더 지난 영수증을 지금 공개한 이유는 무엇일까? 뭔가 이상하다. 만약 삼성에서 해당 업체에게 지금까지 공사를 계속 시켜주었어도 공개를 했을까? 해당 업체는 언젠가 삼성으로부터 받는 일감이 없어지게 되면 역시 공개했을 것이다. 거지 발싸개 같은 짓거리이다. 그래서 제보자는 나쁜 사람이다.

　왜 재벌만 갑질이라며 규탄대상이 되어야 하나? 갑질이라는 것이 재벌 오너가 아닌 일반 직장인에게는 없나? 재벌 오너 등 가진 자가 하면 갑질이기에 용서 못하고 나머지가 하면 갑질이어도 봐주어야 하나? 어느 나라가 정한 잣대이며 어느 나라 사전에 나와 있는 정의

인가? 이것이 바로 빨갱이 놈들의 잣대이다.

사회를 부르주아와 프롤레타리아 즉, 지배층과 피지배층으로 양분하여 갈등을 유발하고 결국은 혁명으로 이 사회를 뒤집으려 하는 이미 실패라고 검증된 공산주의 이론을 추종하는 그런 이적행위를 하는 빨간 놈들.

갑질이라는 것은 그 행위를 받는 사람에게 급여를 주는 주체가 누구인가를 생각해 보면 갑질인지 아닌지 판단할 수 있다고 본다. 기업인이 소유하고 운영하는 회사에서 벌어들이는 이윤으로 직원들에게 급여를 주고 있는데 주는 급여만큼의 성과를 못내든지, 회사에 손해를 입힌다면 꾸짖고 해고시키는 것은 당연하다. 그들의 권리이다. 그래야 기업이 살아남을 수 있는 것이다. 열 받으면 재벌이 되어라.

문 정부의 주영훈 청와대 경호실장처럼 경호실 여직원을 불러 자신의 관사 청소를 시키는 것이야말로 갑질이다. 주 경호실장은 본인의 사비로 여직원에게 급여를 주나? 그 여직원의 급여는 국민의 세금으로 지급된다. 그는 직위를 이용한 것이다. 그렇기 때문에 갑질이라는 것이다. 고인이 된 조양호 대한항공 회장의 부인 이명희 씨가 필리핀 여성들을 대한항공에 취업한 것으로 서류를 만들고 자택 가사도우미로 둔 것이 갑질인가? 봉급을 주지 않은 것도 아니고 감금시켜놓고 일을 시킨 것도 아니고 그 때문에 회사가 존망(存亡)의 기로에 선 것도 아닌데 무엇이 갑질이라는 것인가. 기업윤리라고? 말도 안 되는 소리하지 마라. 그런 소리는 말 타고 서부에 가서나 해

라. 기업은 좋은 제품을 많이 개발하여 내수경제를 활성화 시키고 해외로 수출을 많이 함으로써 나라 경제가 잘 돌아가게 도움을 주는 것이 기업윤리이다. 또한 많은 국민들이 취업할 수 있도록 일자리를 만들어줘 실업률을 낮추는 데 기여하고, 고용된 사람들에게 많은 봉급을 주어 각 가정과 국내 시장경제에 도움을 주면 그게 바로 최고의 기업윤리다.

왜 재벌들을 갑질한다고 난리들인지 모르겠다. 죄를 지었어도 처벌하지 말라는 것이 아니다. 누구나 법 앞에서는 공정해야 한다. 하지만 대부분 언론은 그들의 잘못된 행위만 부각시킨다. '가진 자의 모든 것을 빼앗아야 한다'라는 공산주의를 신봉하는 언론인들 때문일 것이다.

어느 좌파매체는 낮에는 대기업인 삼성을 비판하는 기사를 쏟아내지만, 밤에는 그 기업을 찾아가 신문사가 광고비로 받아 둔 어음 할인을 부탁한다는 이야기는 결코 우스갯말이 아니다.

왜 국민들은 그 부각된 사실만 가지고 흥분하여 비판만 하는가? 그들이 재벌이기에 나보다 잘사는 것이 부럽고 시기하는 마음 때문인가? 조현아 부사장의 땅콩회항 사건을 고발하고 조양호 회장의 연임을 저지한 박OO 전 사무장이 과연 의인인가?

그런데 왜 박OO은 아직도 대한항공에서 봉급을 받고 있나? 게다가 조양호 회장의 연임까지 막아냈다며 엉터리 같은 언론에서는 마치 독립투사인 듯이 보도하고 있다. 봉급을 주는 기업 오너는 싫고

꼬박꼬박 나오는 봉급은 좋은가? 기업 오너가 싫으면 그가 주는 돈도 싫어해야 하는 것 아닌가? 아니 이런 뭣 같은 경우가 있나? 이들에게 '백이숙제(伯夷叔齊)' 이야기는 귀신 씨나락 까먹은 소리일까.

보통사람은 그런 대접을 받는다면 퇴사를 해도 벌써 했든지, 아니면 처자식과 먹고 살아야 하니 어쩔 수 없이 꾹 참고 있었을 것이다. 절이 싫으면 중이 떠나야 한다. 낯짝이 참 두꺼운 나쁜 사람이다.

우리 국민들의 교육수준은 세계적으로 높으며 지능 또한 뛰어나다고 한다. 하지만 그런 대한민국 국민들이 파블로프의 개가 종소리에 위액이 나오는 것처럼 빨갱이들에게 선동이 되어서 아무 생각 없이 그런 기사에 고개만 끄덕끄덕하고 있는 것 같다.

좋은 머리 다칠까 봐 머리에 뇌 대신 우동사리를 넣고 다니나? 그런 소리를 듣지 않도록 생각들 좀 하자.
그리고 만약 머리에 우동사리를 넣느라 잠시 빼놓은 뇌를 누가 훔쳐 가서 못 찾고 있는 사람들은 입 닥치고 조용히 살아라.

절세미인과 사는 남자는 무조건 행복하다?

통일은 꼭 해야 한다고 주장하는 이들에게 다음과 같이 묻고 싶다. 첫째, 누가 통일을 그토록 바라는가? 둘째, 통일이 되었을 경우 북한 주민들과 우리가 과연 융화되어 잘 살 수 있을까? 셋째, 통일이 된다면 북한 지역 내 도로, 통신, 전력, 병원, 급수시설 등 사회기반 시설 건설에 필요한 재원이 확보되어 있는가? 없다면 확보방법은? 넷째, 우리 남한인 자유민주주의 시장경제 체제로 평화통일이 되었다고 가정해 보자. 그렇다면 김정은 그리고 그를 따르던 세력들을 어떻게 할 것인가? 다섯째, 통일 후 북한 주민들의 사회적응방안, 대한민국 국민과의 학력, 소득 격차 등을 줄일 수 있는 방법은 있는가?

첫째, 지금 이 시대에 통일을 간절히 원하는 분들은 실향민들과 이산가족들일 것이다. 고향에 두고 온 부모님, 형제 그리고 처와 자식들, 이들보다 더 간절히 통일을 원하는 분들이 있을까? 필자는 이들보다 통일을 더 간절히 바라는 사람은 절대로 없다고 생각한다. 북괴의 남침으로 시작된 6·25 전쟁은 개전 일로부터 약 3년 후인 1953년 7월 27일 휴전되었다. 2022년 기준으로 전쟁 발발한지 72년이 되었으며 휴전된 지는 70년이 거의 다 되어간다. 휴전 당시 태어났던지, 10대였던 분들도 어느덧 70~80대 노인이 되었다. 벌써 많은 분들이 고향과 부모·형제들을 그리워하다 돌아가셨다. 이제는 너무나 시간이 많이 지났다. 그분들이 아니라면 왜 통일을 원하는지 따져봐야 한다. 신중하게 생각하자.

둘째, 통일이 되었을 경우 북한 주민들과 우리가 과연 융화되어 잘 살 수 있을까? 한국에서 미국으로 건너간 한국인들 사이에 태어난 이민 2세대는 외모만 한국인이지 실제 생각과 행동은 미국인이다. 필자 부친의 사촌 형님들도 미국 시애틀에 거주하시고 계신다.

1996년 필자가 미국에 방문하였을 당시 큰아버지와 대화 중에 누나들 결혼이야기가 나왔었는데 둘째 큰아버지께서는 "아이들은(필자에겐 누나들) 미국에 거주하고 있는 한국교포 2세들과 결혼했으면 한다."고 말씀하셨다. 이유는 생각 자체가 이미 미국인이기 때문에 한국에서 태어나 자란 사람과 결혼했을 경우 서로 적응하기가 힘들다고 하셨던 기억이 난다.

자유라는 이념 아래에서도 20~30년 동안 미국인들 속에서 생활한 교포 2세들도 외국인들과 비슷한 생각과 행동을 하는데 하물며 공산주의 사회에서 태어나자마자 맡겨진 탁아소에서부터 세뇌 교육을 받고 자란 북한 주민들의 생각 자체가 공산주의가 분명하지 않겠는가? '김정은' 이름 석자를 말하며 눈물을 흘리는 아이들을 못 보았는가? 그런 북한 주민들인데 통일이 된다고 해서 남한 주민들과 바로 어울려 서로를 이해하며 잘 살아갈 수 있나? 통일이 된다면 최소 반세기 이상이 지나야 융화가 되지 않을까 생각한다.

통일 당시의 아이들은 지금 미국에 건너간 1세에 해당되고 그들이 성인이 된 후 그들로부터 태어나는 아이들이 교포 2세에 해당되기 때문이다. 자유롭게 자란 아이들도 생각과 행동을 바꾸기 힘든데 세뇌당하며 자란 아이들의 사고를 바꾸기는 힘들다. 그렇기에 융화하기 위해서는 시간이 오래 걸릴 수밖에 없다는 것이다.

셋째, 사회기반시설 건설비용은 누가 지불해야 할까? 건설비용만 대한민국 국민들이 부담해 주면 되는가? 유지비용은 누구에게서 어떤 방법으로 충당할 것인가? 통일이 되자마자 북한 주민들이 정상적인 경제활동을 할 수 있나? 일부는 가능하겠지만 많은 인원이 자유시장 경제 체제에 적응하기 위해 별도의 특별한 교육을 받아야 할 것이며 그 이후에나 취업 등을 통해서 경제활동을 할 수 있을 것이다. 그런 다음에야 개인과 가정에 수입이 생길 것일테고 그 수입으로 납세도 하고 수도, 전기 등의 사용료를 지불할 수 있을 것이다.

따라서 그전까지 들어가는 비용은 정부에서 부담해야 할 것이고 그 비용은 당연히 우리 국민들의 세금으로 충당될 것이다. 만약, 그래도 통일을 원한다면 국가는 지금부터 세금 중 일부를 통일비용으로 모으며 대비해야 한다. 통일 이후 들어갈 그 엄청난 비용을 부담할 수 있나? 지금 우리 세대뿐만 아니라 다음 세대까지도 그 비용을 부담해야 할 수도 있다는 것이다.

넷째, 골수 공산당과 김정은, 그리고 김정은 친인척은 어떻게 해야 하나? 통일이 된다면 그들이 바로 남한의 자유민주주의 시장경제 체제로 전향할 수 있을까? 그들은 절대권력 아래에서 어떠한 제약도 받지 않고 남 부러울 것 없이 살아온 사람들이라는 것을 잊지 말아야 한다. 우리나라는 대기업 총수도, 전직 대통령들도 자신들의 행동에 대하여 법의 심판을 받았으며, 구속 등 그 책임을 면치 못했고 앞으로도 그렇다는 것을 잘 알고 있을 것이다.

통일 이전의 김정은과 그 추종세력들의 라이프스타일을 유지시켜 주어야 하나? 그렇다면 기쁨조도 지원해 주고 맘에 들지 않는 사람이 있으면 쏴 죽이라고 고사총도 쥐여 줘야 하고 이동할 때 불편하지 말라고 최고급 승용차와 갈증을 달래라고 와인을 주며 통일 조국에서 생활하느라 피곤할 테니 가끔 쉬라며 개인 별장과 요트도 지원해 주어야 하나? 아니면 다시는 자유 대한민국에서 공산주의가 전염병처럼 확산될 수 없도록 사돈의 팔촌까지 없애버려야 하나? 그렇다면 남쪽에서 김정은을 지지하며 이적행위를 하고 있는 세력도 없애야 하는 것 아닌가? 답이 없다, 답이 없어.

다섯째, 북한에도 학생, 사무직, 생산직 등 여러 계층이 있다. 통일 후 그들이 자유민주주의와 시장경제체제에 적응시키기 위한 교육은 누가, 어떻게 시킬 것이며, 그에 들어가는 비용은 어떻게 할 것인가? 적응 전까지 생계를 유지할 수 있도록 지원을 해 주어야 할 텐데 여기에 들어가는 비용도 우리 국민들의 세금으로 충당해야 할 것이다.

절세미인과 산다고 해서 반드시 행복한 것이 아니듯이, 통일이 되어 우리나라의 지도가 아름답고 보기 좋게 바뀐다고 해서 우리 국민이 행복해지는 것은 아닐 것이다. 이제는 햇볕정책이니, 대북지원이니, 남북경제협력이니 하는 소리들은 그만하고 북한을 다른 국가로 받아들여야 한다(독일과 오스트리아는 한민족이지만 2국가로 분할됨). 그 대신 하루빨리 김정은과 그를 추종하는 세력으로부터 억압받고 있는 북한주민들의 인권 문제가 해결될 수 있도록 노력해주어야 한다. 핵, 장거리 미사일 등 무기개발을 중단케 해서 우리 대한민국이 그들의 위협에서 벗어날 수 있도록 노력해야 한다.

이 세상 어느 나라에서 이웃 나라의 경제가 어렵다고 돈 주고 식량 주고 철도와 도로를 건설해 주며 도와주는가? 지금 이 시각에도 그들을 찬양하는 등 댕댕이가 풀 뜯어 먹는 소리 하는 사람들을 모아서 북한으로 보내야 한다. 그리고 그곳에서 살도록 해야 한다. 절대 다시 못 오게 해야 한다. 또 6·25 전쟁을 겪은 세대를 제외하고 통일에 대하여 주장하는 사람이나 단체가 있다면 반드시 사상을 의심하고 검증해 봐야 한다(젊은 세대일수록 통일을 원하지 않는다).

통일? 이제는 너무 늦었다. 북한을 우리와 통일시켜야 할 대상이 아닌 다른 나라로 받아들이자. 그리고 그만 지원하자. 북한에 지원할 돈이 있으면 우리나라의 소년·소녀 가장들과 어렵게 살고 계신 노인 분들을 도와드리자.

순두부를 떠먹으려면 숟가락을 써라

우리나라 정부 조직도를 살펴보면 문 정부는 2019년 5월 기준 18부 5처 17청으로 구성되어 있었다. 18부의 수장은 장관이다. 장관들의 대학전공과 경력을 보았는가?

필자가 확인한 결과 유은혜(동양철학 전공, 정치인) 교육부 장관, 김현미(정치외교학 전공, 정치인) 국토교통부 장관, 진선미(법학 전공, 정치인) 여성가족부 장관, 박영선(지리학 전공, 정치인) 중소벤처기업부 장관, 진영(법학 전공, 정치인) 행정안전부 장관 등 5개 부처 장관들이 해당 분야와는 전혀 관련 없는 학과를 전공하였든지 아니면 정치인들이 자리를 잡고 있었다. 유영민(수학 전공, LG 근무) 과학기술정보통신부 장관과 박능후(경제학 전공, 사회복지학과 교수) 보건복지부 장관은 유사한 일을 종사한 경험이 있든지 아니면 관련학과 비슷한 분야를 전공한 사람이었다. 갑자기 뒷목에 피가 쏠려 뻐근해진다.

비타민C! 아니 다른 곳도 아니고 최소한 교육부, 국토교통부, 중소벤처기업부 장관은 해당 분야에서 우물을 판 사람을 임명해야 하는 것이 아닌가? 입시교육제도 개선과 사교육은 어쩔 것이며 부동산 안정과 사회기반시설 확충은 어쩔 것이며 중소벤처기업은 어떻게 육성시킬 것인가? 거의 대부분이 TV에 자주 등장해 헛소리만 하던 양반들이 아닌가?

1991년 3월에 발생한 낙동강 페놀 오염 사건을 떠올려 보자. 당시 수자원 공사 사장이 페놀은 휘발성 물질이기 때문에 곧 증발할 것이며 낙동강 댐의 수문을 열면 지금 페놀에 오염된 낙동강 물은 이미 바다로 흘러 들어갔을 것이기에 소용 없고, 또한 1988년 5월부터 1991년 2월까지 약 34개월간 지속된 가뭄으로 인하여 농수공급에 차질이 있다며 만류했었는데 대통령이 수자원 공사 사장을 해임시키고 낙동강에 있는 댐 수문을 열게 하였다. (「유출된 페놀물질의 농도를 낮추고 빠르게 하류로 밀어낼 목적으로 낙동강수계 안동댐, 임하댐, 합천댐 등의 방류량을 증대 조치(3.2. 16:00, 50㎥/초→200㎥/초)」 출처: 낙동강 페놀유출사고 대응조치 상황(낙동강 유역 환경청))

결국에는 그해 농수가 부족하여 농민들이 많은 피해를 입었다. 제2의 페놀 오염사고가 발생하고 이렇게 무식한 조치를 취하지 않는다고 누가 장담할 수 있는가? 순두부를 떠먹으려면 숟가락을 써야지 젓가락을 사용하면 먹지도 못하고 결국은 버리게 된다. 젓가락이 문제인가? 숟가락을 놔두고 젓가락을 집어 사용해 순두부를 떠먹으려는 사람이 문제인가? 그래서 전문가라는 단어가 사전에 있는 것이고 그들을 대접하고 인정해 주는 것이다. 해당 분야에 맞는 인재를 등용시켜야 그 분야가 발전하고 나라가 발전한다. 그래야 국민이 행복해진다. 특히 정치인들을 행정부 수장으로 임명하는 것은 지양하자. 그들은 정치도구로 이용할 생각만 할 것이다.

우리나라를 이끌어 가시는 높으신 분들아! 순두부를 떠먹으려면 숟가락을 써라. 폼 잡으며 내 사람 챙긴다고 엉뚱한 도구를 사용하지 말아라. 나라는 개판되고 국민들은 피곤해진다.

낙동강
페놀
보고서

「낙동강 페놀유출사고 대응조치상황 보고서」

1. 사고발생경위

o '08. 3. 1 03:10경에 경상북도 김천시 대광동 1348번지에 위치한 주)코오롱 유화공장 화재사고로 인해 반응공정에 있던 페놀수지가 낙동강 본류로 유입된 사고임

- 사고가 발생한 (주)코오롱유화 김천공장은 낙동강의 2차지류인 대광천 인근에 위치하고 있어 오염물질이 대광천을 따라 감천거쳐 낙동강으로 흘러들어 간 것으로 추정됨

〈페놀〉
◇ 특성 : 백색결정, 타는 듯한 냄새
◇ 인체영향 : 물에 잘 녹으며 기침, 현기증, 두통, 설사, 호흡곤란 등 유발

2. 낙동강(대구매곡취수장)하류 페놀모니터링 결과

◇ '08.3.4 20:00 현재 매곡취수장 하류방향의 칠서취수장을 포함한 10여개 지점을 매시간 모니터링 한 결과 페놀이 검출 안 됨.

3. 그동안 조치한 사항

○ 소방수를 사용하여 화재 진압(3.1 06:00)하고 대광천 하류에 페놀유출 방지 임시제방을 축조(3.1 07:30)하여, 탱크로리로 유출수 대부분 회수 완료(3.1 16:30)

○ 유출된 페놀물질의 농도를 낮추고 빠르게 하류로 밀어낼 목적으로 낙동강수계 안동댐, 임하댐, 합천댐 등의 방류량을 증대 조치 (3.2 16:00, 50㎥/초→200㎥/초)

○ 유출된 페놀이 낙동강본류에서 검출됨에 따라 구미해평취수장 (3.1 10:30) 및 구미광역취수장(3.2 10:40), 매곡취수장(3.3 15:20)의 취수 일시중단

○ 현장 방제시설을 점검하여 우천대비 보완대책 강구토록 현장지시(3.2 16:00) 및 김천시에 대응방안 강구 요청(3.2 17:00)

○ 페놀유출에 따른 대책을 논의하고 기관별 역할분담을 위하여 낙동강 중·하류지역 지자체인 대구시, 부산시, 경남도 등 관계기관회의 개최(3.2, 18:00)

○ 환경오염 현장조치 행동매뉴얼에 따라 낙동강유역환경청에 지

역사고수습본부를 설치·운영(3.2)

O 페놀오염물질 실시간 감시를 위하여 환경관리공단 영남지사(운영기관)로 하여금 현장근무토록 지시(3. 2)

O 칠서취수장 상류 박석진교, 율지교 등에서 페놀물질 모니터링을 매시간 단위로 실시(3.2 06:00~)

O 페놀오염사고 대응노력 보도자료 배포(3.3 11:00)

O 수질정보 공유를 위하여 페놀물질 모니터링 결과를 총괄취합 하여 관계기관 통보(3.2)

3. 향후 조치계획

O 낙동강 하류 취수장을 지속적으로 모니터링 실시

O 취·정수장 등 관계기관 비상급수대책 점검

O 댐 방류량 증가에 따른 부유물질의 모니터링을 강화하고 2차 오염 예방

출처:낙동강유역환경청

사기를 당했으면 사기꾼을 고소해라

어떤 나라든 힘이 없으면 그 고통은 고스란히 국민에게 전가된다. 일제시절 얼마나 많은 우리 국민들이 일본군의 성노예나 강제노역 등으로 인하여 지금까지도 고통을 받고 있는가! 그 때문에 수많은 대한민국 국민들은 일본을 싫어하고 일본 정치인들의 발언 하나하나에 울분을 터뜨리고 있으며, 피해자들의 사과 요구와 소송 등에도 많은 관심을 갖고 응원을 아끼지 않고 있다. 하지만 그전에 분명히 짚고 넘어가야 할 것이 있다.

그 시절에 그들이 돈을 벌기 위하여 자발적으로 간 것인가? 아니면 보쌈을 당하듯 끌려간 것인지에 대하여 명확히 인식한 후 우리는 말과 행동을 해야 한다는 것이다. 우리나라 국민들의 의식이 반드시 변화되어야 하기 때문에 이 문제는 반드시 논의되어야 한다.

만약, 범죄를 저지르고 그 책임을 피하기 위한 목적이었든지 아니면 돈을 벌기 위한 목적으로 징용 등을 지원해서 갔다가 당시 모집했던 사람(조선인이었든지 일본인이었든지 상관없다.)이나 일본의 기업에 사기를 당해 고통을 받았다고 한다면 그 책임은 누구에게 있는 것인가? 그로 인하여 받았던 고통에 대한 배상은 누가 해 주어야 하는가?

물론 이들 중 일부는 강제납치, 유괴, 인신매매가 되기도 했었지만, 역사 자료들에 근거해서 결론을 짓자면 '이들은 대체로 공장에 취직시켜 주겠다. 돈을 많이 벌게 해 주겠다 등의 취업 사기를 당해서 위안소로 간 경우가 많았다.'라고 정확히 기록되어 있다.

이들 중 대부분의 사람들은 돈을 벌기 위해 갔다는 것이다. 필자 개인의 추측이 아니다. 백과사전에도 명시가 될 정도로 명확하다는 것이다.

위안부

위안부(挺身隊)
일본군위안부란 일본이 2차대전 때 설치한 '위안소'에 강제 동원되어 일본군의 성 노예 생활을 강요당한 여성을 말한다. 일본은 1931년 9월 18일 만주사변을 일으킨 이후부터 태평양 전쟁에서 패전한 1945년까지 전쟁 지역이나 주둔지에 위안소를 설치했다. 일본군은 1932년 초, 상해 사변 때 수많은 강간 사건을 일으켰다. 이에 점령 지역에서의 반일감정이 고조되고 군인들이 성병에 감염되는 일이 다수 발생한다. 일본군은 현지 여성에 대한 강간 방지, 매춘에 의한 성병 예방, 병사들에 성적 위로 제공 등을 명목으로 자국의 공창 제도를 본따 위안소 제도를

국민이
국민에게 말한다

실시했다. 1937년 중일전쟁을 계기로 일본군 위안소는 급속히 늘어났으며, 일본군의 점령지 확대에 따라 일본군 '위안부'의 동원 지역도 확대됐다. 일본군은 일본의 식민지인 조선과 타이완에서 주로 여성들을 동원했고, 전선이 확대됨에 따라 점령지인 중국, 필리핀, 인도네시아, 베트남, 미얀마, 인도네시아 거주 네덜란드인 여성들도 강제동원했다. 끌려간 여성 중 가장 어린 소녀가 11살인 것으로 파악된다. 이들은 대체로 '공장에 취직시켜 주겠다', '돈을 많이 벌게 해주겠다'는 등의 취업사기를 당해서 위안소로 간 경우가 많았다. 또는 관리, 경찰, 군에 의해 강제 납치당하기도 했고, 업자나 모집인들에 의해 유괴·인신매매되기도 했다. 민간업자가 인솔하여 이동할 때도 군대 트럭, 군용열차, 군화물선, 군함 등이 많이 이용되었다. 위안부 모집, 수송 등의 전 과정에 일본군의 관할 하에 이뤄졌음을 보여준다. 위안소는 군이 직접 운영하는 군 직영 위안소, 업자를 두고 관리·감독하는 군 전속 위안소, 이미 있는 유곽이나 성매매업소를 군이 지정해서 이용하는 위안소 등 여러 유형으로 나타났다. 어떤 유형의 위안소이든 '위안부'들은 외부와의 출입이 차단된 채 철저하게 감시받았다.

'이하생략'

출처:다음백과사전

요즘 우리나라에는 필리핀, 태국 등 동남아의 많은 여성들이 취업을 위해 입국한다. 이들 중 많은 인원이 현지에서 한국인 등 취업 알선책들에게 비용을 지불하고 기본적인 마사지 교육을 받고 입국한 후 한국 마사지 업소에서 일하다가 돌아간다.

　　우리나라는 취업비자를 발급받기가 어렵기 때문에 대부분 관광비자 또는 무비자로 입국하여 돈을 벌다가 최대로 체류가 가능한 90일까지 일하고 자기들 나라로 돌아간다. 나머지 사람들은 불법체류를 하다 적발된 다음 강제 출국된다.

　　언론을 통해 접했겠지만, 마사지 업소에서 일하고 있는 동남아 여성들 중 상당수가 성매매를 강요당하고 있으며 실제 성매매 행위를 한다고 한다. 현지에서 한국인 브로커들이 한국에 취업하면 성매매를 해야 한다고 이야기했을까? 오기 싫다는 여자들을 억지로 끌고 와서 취업을 시켜 성매매를 강요했나? 그들은 한국에 온 후에야 성매매를 해야 한다는 사실을 알게 되었을 것이고, 자의에 의해서였든지, 타의에 의해서였든지 성매매를 했을 것이다. 만약 업주의 강요와 협박에 의하여 성매매를 했을 경우 우리나라 대통령이 동남아 국가 국민들에게 사죄하고 우리나라가 배상을 해 주어야 하는가?

　　그리고 매번 대통령이 바뀔 때마다 계속 사죄해야 하는가? 아니면 성매매를 강요한 한국의 일부 퇴폐 마사지업소 사장들과 현지 취업 알선책이 피해자 개인에게 사죄하고 보상해야 하는가? 일본에게만 너무 그러지 말자.

　　우리 국민 대다수는 일본사람은 그렇게 싫어하면서 일본여행, 그들이 먹는 음식, 그들 나라가 만드는 자동차 등은 왜 그렇게 좋아하지? 입으로는 일본을 욕하면서 렉서스나 어코드 같은 일본 차량은 잘만 타고 다니더라. 이런 엉터리 같은 사람들! 간판에 라멘이라 써 있는 것을 라면으로 잘못 보고 들어가서 먹었나? 아님 글을 몰라 들어가서 라멘을 시켜 드셨나?

유니버설 스튜디오에 가기 위해 비행기 타고 자고 일어나니 오사카더라. 유니버설 스튜디오가 오사카에 있는 것을 몰랐나? 아니면 오사카가 일본에 있는지 몰랐나? 렉서스는 도요타가 만들고 어코드는 혼다가 만드는 차라는 걸 모르는 건가? 아니면 도요타와 혼다가 일본의 자동차 회사인 걸 모르는 건가? 어찌하여 머릿속이 박○○(대한항공 직원으로 오너 일가는 싫지만 오너 일가가 주는 봉급은 지금도 잘 받고 있음)하고 똑같을 수 있을까? 반일이라 주장하고 친일세력은 척결해야 한다는 주장은 말 타고 서부나 가서 해라. 공산주의자들이 내뱉는 민족주의에 선동되고 있다는 것을 경계해야 한다.

동남아 성매매 사건

「취업사기 동남아 여성 성매매시킨 한국인」

"취직시켜줄게" 꼬드겨 동남아여성 성매매(2015. 02. 09. 연합뉴스TV)
취직을 시켜주겠다며 동남아 여성을 꼬드겨 입국시킨 뒤 성매매를 강요해온 조직폭력배 일당이 경찰에 붙잡혔습니다.

해외 공급책과 콜센터, 경리까지 두고 조직적으로 범행을 해왔습니다. 입국후 이들 여성들은 곧바로 성매매에 동원됐습니다. 뒤늦게 속은 사실을 알았지만 조직폭력배의 감시를 받으며 모텔에서 함께 생활하도록 해 탈출이 쉽지 않았다고 합니다.

신원이 드러나지 않는 스마트폰 애플리케이션과 명함을 통해 성 매수남을 모집하고 상담을 위한 콜센터와 경리까지 두었습니다.

'이하생략'

태국인 여성 3백명 입국시켜 성매매…폭력조직·업주 검거

(2018.09.11. 노컷뉴스)

태국인 여성 300여 명을 국내에 입국시켜 성매매를 하도록 한 폭력조직과 업주가 경찰에 검거됐다. 인천지방경찰청 광역수사대는 동남아 여성을 입국시켜 성매매를 알선한 혐의(폭력행위 등 처벌에 관한 법률상 감금·강요·공갈 및 성매매알선 등 행위의 처벌에 관한 법률 위반)로 폭력조직원 A(33)씨와 B(40)씨 등 2명을 구속했다고 11일 밝혔다. 또 이들로부터 태국 여성을 소개받아 성매매를 알선한 성매매 업주와 종업원 등 22명을 불구속 입건했다. A씨 등 2명은 지난해 5월부터 올해 5월까지 태국인 여성 300여 명을 부산과 울산 등지 성매매업소에 소개하고 5억 원을 챙긴 혐의를 받고 있다. 이들은 태국 현지 공급책인 한국

인 C(47)씨를 통해 모집한 태국인 여성들을 3개월짜리 관광비자로 국내에 들어오게 한 뒤 1인당 소개비 100만~200만 원을 받고 전국의 성매매업소로 팔아 넘겼다.

경찰 조사결과 태국인 여성들은 한국 마사지 업소에서 일하면 많은 돈을 벌 수 있다는 말에 속아 국내에 입국한 것으로 드러났다.

태국인 여성들은 한 사람당 300만 원 가량인 입국 비용을 모두 갚을 때까지 B씨가 운영하는 인천 마사지 업소에서 성매매를 해야 했다.

A씨 등은 여권을 빼앗아 달아나지 못하게 하고 일부 성매매 대금을 중간에서 가로채기도 했다.

'이하생략'

일본이라는 나라는 아직까지는 우리나라보다 선진국이며, 군사적으로나 경제적으로나 우리나라에 많은 도움을 주고 있다. 이제는 양국 관계를 좋은 관계로 개선시켜야 한다. 그러기 위해서는 국민들부터 반일감정부터 청산해야 한다고 생각한다. 그래야 우리는 그들에게 수출도 더 많이 하게 되고 그들은 우리나라로 더 많은 관광객을 보낼 수 있지 않을까?

결국 우리나라는 더욱더 잘 살게 될 것이고 우리나라가 잘 살게 되면 우리 국민은 국가로부터 더 많은 혜택을 받을 수 있고 잘 살게

된다. 실리를 추구하자. 우리 선조들이 겪었던 과거가 반복되지 않
도록 그 역사만은 잊지 말자.

국가가 힘이 없어 국민에게 고통을 주었다면 국가가 먼저 국민들
에게 사죄하고 그로 인해 피해를 입은 국민들에게는 별도로 보상해
야 한다. 힘이 없어 여러분들을 지켜드리지 못했다고….

당시 상황을 피하기 위해서나 돈을 벌기 위한 목적으로 그곳에 갔
었고 그곳에서 육체적으로나 정신적으로 피해를 입고 보상받지 못한
개인들은 그들과 관련된 일본기업과 그들을 속인 사람들 개인에게
배상을 요구하자. 나머지 국민들은 더 이상 자유 대한민국에서 헛소
리를 하며 설쳐 대고 있는 그들과 엉터리 같은 언론들의 자극적인 기
사에 감정이입되어 선동되지 말고 냉정히 판단하고 행동해야 한다.

반일감정을 선동하는 반일 민족주의 사관을 갖고 있는 사람들은
사상검증부터 먼저 해야한다고 본다. 그들이 반일감정과 민족주의
를 강조하는 것은 중국이 그랬던 것처럼 내부를 단결시키고 그들이
원하는 그 무엇인가를 얻기 위해 하는 선전선동이기 때문이다. 그
들 대부분은 자유 대한민국을 부정하는 사람이라는 합리적인 의심
을 할 수 밖에 없다.

아직까지도 민족주의를 강조하고 국민들을 반일감정으로 선동질
이나 하고 있는 빨갱이들은 그 입 닥쳐라.

친일파 변절자라고 욕하지 마라

일제시대에 친일파였다며 그들이 남긴 업적 하나하나까지도 지우려 하고 또 그 자손들까지 척결해야 한다고 국민을 선동하는 빨갱이들이나 독립운동을 하다가 변절했다고 변절자라고 그 후손들까지 욕하는 사람들아!

당시 그들이 처했던 상황을 모르면서 일본과 관계있다고 무조건 욕하지 마라. 친일행위를 하였든지 변절을 한 사람들을 대변하려고 하는 것은 아니다. 하지만 당시 그들이 처해 있었던 상황들에 대하여 생각해 보았는가?

필자가 대학재학시절 청주 MBC에서 환경다큐멘터리로 제작했던 〈미호천에서 금강까지〉 프로그램의 제작과정에 참여한 적이 있었다. 모든 촬영을 마치고 저녁 식사 후 당시 PD가 우리를 그의 집으로 초대한 적이 있었다. 차 한 잔 나누며 이런저런 이야기를 하던 중에 사회부 기자들의 고충을 이야기했는데 너무나 맘에 와 닿았고 그동안 내 자신이 얼마나 편협한 생각을 하고 있었는지 반성할 수 있었다.

당시 그 PD는 사회부 기자 시절 조직폭력배에 관련된 취재를 하고 있었는데 취재가 깊어지면 깊어질수록 수화기를 들면 바로 끊어버리는 집으로 걸려오는 전화를 거의 매일 받았다고 한다. 그러던 어느 날 "거기 OO네 집이죠? OO이가 OO학교에 다니던데, 참 예쁘던데…. 기자님 요즘 OO에 대해 취재한다면서요?"라고 하더니 바로 전화를 끊어버렸다고 한다. 그 전화를 받은 후 온몸에 힘이 빠지고 무서웠고 가족들이 피해를 입을까봐 두려워 취재하던 것을 포기할 수밖에 없었다는 것이다. 그리고 그는 그때 자신이 취재를 포기한 것을 후회하지 않는다고 했다.

만약 여러분들이 일제시대에 태어나 독립운동을 하고 있는데 여러분들의 부모님 또는 처와 자식들이 볼모가 되어 협박을 당했다면 과연 몇 명이나 뜻을 굽히지 않고 대한독립을 외칠 수 있을 것이며 몇 명이나 계속하여 일본군과 싸울 수 있을까? 필자는 못 했을 것이다. 아니 절대로 못한다. 그렇기에 온갖 협박에도 뜻을 굽히지 않고 독립운동을 한 안중근, 윤봉길 등과 같은 분들이 위인이라는 것이다.

정말로 위대한 분들이 아닌가! 얼마나 힘들었을까! 하지만 그들은 일본의 협박에 굴하지 않았다. 그리고 끝까지 대한독립을 외쳤고 목숨까지도 희생하였다. 그런 순국선열들의 노력결과 우리는 독립을 맞았으며 지금의 자유 대한민국이 탄생할 수 있었던 것이다.

하지만 확실히 짚고 넘어가야 할 것이 있다. 아직도 분간을 못하는 국민들을 위해 조금 쉽게 설명하자면 문 정부에서는 이런 김원봉*도 독립운동을 했으니 독립운동 유공자로 인정해야 한다는 소리를 하고들 있다. 김원봉 같은 자들이 어떤 목적을 가지고 독립운동을 했는지를 따져봐야 할 것 아닌가? 그들이 공산주의 북한의 건국을 위해서였는지 자유 민주주의 대한민국 건국을 위해서였는지 말이다. 독립운동을 했다는 과정이 같다고 대한민국의 독립유공자라고?

문정부와 그를 추종하는 세력들은 김원봉 같은 대한민국의 역적들이 독립운동을 했다는 프레임으로 독립 이후 공산주의 북괴의 탄생에 공을 세운 것을 감추고 있다. 그들이 살아생전 했던 이적행위들이 자유 대한민국의 안위를 반세기 넘게 위협하고 있으며 그 위협

---

* '북한정권 수립 초기에는 국가검열상, 조선인민공화당 중앙위원회 위원장, 노동상, 최고인민회의 상임위원회 부위원장을 역임하다가 6·25 전쟁 때 군사위원회 평안북도 전권대표로서 후방에서 북한군의 군량미를 생산하는 일을 했다.
이로 인해 김일성으로부터 로력훈장을 수여받았다. 그리고 그는 남파활동을 벌이기도 했는데, 실제로 1954년 1월 25일 김원봉의 직접 지휘 하에 대한민국의 경제 혼란 및 선거 방해를 목적으로 남파된 간첩단 4명이 체포되었다'.(『위키백과』에서 일부 인용)

은 앞으로도 계속될 것이다. 그들은 전쟁과 도발을 통해 수많은 사망자와 유족들을 만들었다. 현명한 대한민국 국민들아! 제발 그들의 선동에 더 이상 놀아나지 말자.

그리고 앞으로는 정신을 바짝 차리고 우리는 자유 대한민국의 건국을 위하신 분들을 기리며 그 후속들의 안위를 보살펴야 한다. 2021년 10월 25일 기사에 안중근 의사의 조카며느리 박태정 여사께서 91세로 세상을 떠나셨는데 장례를 지낼 돈이 없어 삼일장도 못했다는 소식을 접했다. 이게 나라인가? 자유 대한민국 탄생을 위해 노력한 순국 선열과 그 후손에 대한 예우인가? 분노가 머리끝까지 치밀어 오른다.

김원봉을 추모하고, 간첩을 잡아야 하는 국정원 '원훈석(院訓石)'에 새긴 통혁당 핵심인 간첩 신영복 서체를 쓴다는게 말이나 될 법한가. 하기사 청와대 대통령인 '문재인 시계'의 글씨도 이 신영복체를 사용한다니 소주 'OO처럼'의 라벨에 세겨 팔고있는 건 애교로 봐야하나.

우리 국민들이여! 앞으로는 선택을 잘하자. 그래야 자유 대한민국이 바로 설 수 있다. 그래도 그들을 인정해야 한다고 생각한다면 지금 당장 짐을 싸서 북으로 가라. 남북을 연결하는 도로가 참 시원하게 잘 만들어져 있지 않은가.

이제는 더 이상 친일파이니 변절자이니 욕하며 우리 사회를 양분화 시켜 갈등을 유발하지 말아야 한다. 어디까지가 친일행위인가? 내가 태어났더니 부모님께서 일본식으로 이름을 지어주셨고 교육 제도 자체가 일본식이어서 그 교육을 받았을 뿐이며, 그런 사회분위기에 신분 상승이나 생계를 위해 열심히 공부해서 취업한 것 뿐인데 그런 것까지 친일파라 할 수 있을까? 친일청산을 선전 선동하는 빨갱이들에게 넘어가지 말아야 한다.

그것보다 먼저 우리 자유 대한민국의 독립과 건국을 위해 목숨 바쳐 노력하신 분들의 업적을 더욱더 기리기 위해 노력하여야 하며 또다시 아픈 과거의 역사가 반복되지 않도록 노력하는 것이 더 값진 일이 아니겠는가!

잊지는 말되 이제 그만 과거에 더 이상 얽매이지 말아야 한다.

유기농, 무농약 이라… DO G-Ral and fall!

대한민국 부모들의 자식 사랑은 남다르다. 교육에 대해서도 대단하고 먹이고 입히는 것에 대해서도 정말 대단하다. 특히, 요즘 돈이 좀 있다는 집안의 젊은 부모들은 자식의 건강을 위해 갓난아이부터 유기농이며 무농약이며 몸에 좋다는 것은 어떡해서든 다 구해서 먹이며 키운다. 그들의 감동에 복받쳐 눈물이 앞을 가릴 정도이다.

얼마나 자식들을 사랑하기에 식당에서 소리 지르며 뛰어다니도록하여 주변사람들이 밥이 목구멍으로 넘어가는지 콧구멍으로 넘어가는지도 모르게 식사하게 한다. 혹시나 조용히 하라며 항의라도 하는손님이라도 있으면 항의하는 사람의 나이에 상관없이 감사함을 반말과 욕설로 표현해준다.

또한 체력은 국력이라며 늦은 밤에도 아이들을 운동시키는 노력

또한 아끼지 않기에 아랫집에서 층간소음으로 항의라도 하면 순수하게 자라야 할 자기 자식들이 나쁜 말이라도 배우게 되고, 또 성인이 되어 사회에 누를 끼칠 것이 걱정되어 친절하게도 아랫집에 직접 방문까지 하여 쌍욕부터 퍼붓는다. 멀리 윗집에서 누추한 아랫집까지 방문해 주신 것도 황송한데 쌍욕으로도 모자라 가끔씩 폭력까지도 보너스로 주신다. 이처럼 젊지만 지들 자식밖에 모르는 부모들과 지들만 소중하다고 생각하는 그 부모에 그 자식들 아닌가.

그런 머저리 같은 부모의 사랑 덕으로 예의라고는 찾아 볼래야 찾아 볼 수도 없다. 음식이 상했을까봐 기미상궁을 자처하며 어른들보다 먼저 먹고 이상 없음을 증명해 주는 싹수가 노란 아이들, 어렸을 때부터 보고 배운 게 그런 것들인데 크면 무엇이 달라지나? 이들이 훗날 성인이 되어 부모를 보러 가다가 사고라도 나면 부모가 쓰러질까 찾아뵙기를 꺼려한다.

행여 부모들이 재산 관리하는데 신경 쓰다가 쓰러질까봐 재산을 빼앗아 가기도 한다. 돈을 달라고 정중하게 말씀드렸는데도 돈 관리하면 신경 쓰게 될 자식들이 걱정되어 그래도 끝까지 부모가 관리한다고 말씀이라도 하시면 어떤 자식들은 주먹과 몽둥이로 부모님께 감사하다며 마사지를 해드리기까지 한다.

간혹 어떤 자식들은 부모님께서 추우실까 봐 집에 불까지 지른다. 자기 부모만 지극히 생각하는 것이 아니다. 이런 형편없는 부모들한

테 어렸을 때부터 배운 남다른 배려심으로 다른 사람이 자신에게 피
해를 주게 될 경우에 가차 없는 욕설과 폭력을 사용하여 상대방이 미
안함을 느끼고 사과할 틈도 없애준다.

우리 젊은 부모들아! 유기농, 무농약 따지며 자식들 몸에만 좋
은 것 먹이지 말고 머리와 마음에 좋은 것을 먼저 먹이자. 밥상머리
교육부터 시작하자. 그래야 우리 사회는 건강성을 되찾을 수 있다.

유기농, 무농약이라… 지랄하고 자빠졌네!

고춧값

"아이고 우리 OO 고추 한 번 따먹어 볼까? 아이 맛있어~" 요즘도 가끔 주변에서 들을 수 있는 말이다. 대부분의 남자아이들이 동네 아주머니들에게 많이 당하며 들었던 이야기다. 그들은 그런 후 때로는 과자 사 먹으라며 돈도 주셨다. 하지만 여아들에게 하는 것은 못 본 것 같다. 전문용어로는 성추행이다. 그 상황을 옆에서 지켜보던 아이의 엄마는 무지하게 흐뭇해하며 즐긴다. 전문용어로는 공범이다. 왜 흐뭇해 했을까? "내 아들이야 부럽지?" 아들이라고 부모들이 얼마나 좋아했던가.

또 아들이라고 얼마나 곱게 키우셨나. 당신들 돌아가시면 제사도 지내줄 것이라며 또 결혼해서 가문도 이어준다고 순진하게 믿고 좋아하셨던 우리 부모님들, 그렇게 금지옥엽 키운 아들인데 교회 다니는 며느리 만나서 개종했다고 제사도 안 지내기도 한다.

형님은 아우에게, 아우는 형님이 서로 효도하라며 떠밀며 연세 드신 부모님을 손수 짐까지 싸서 친절히 택시 태워 보내드리고… 가문을 이어줄 것이라 믿었던 아들과 결혼한 며느리는 아이를 낳으면 몸매 망친다느니, 직장생활이 힘들다느니, 돈 모으기 힘들다느니 등 온갖 핑계를 대며 상팔자로 모시고 사는 자식들이 얼마나 많은가!

아들! 아들! 아들! 남자들은 어릴 때부터 이런 대접을 받았다. 아들이면 최고였다. 아들이기에 모든 것을 독차지할 수 있었고, 아들이기에 모든 것이 용서되었다. 그러니 성인이 되어서도 철없이 행동하며 살고 있지 않은가! 아들이라고 얼마나 많은 아주머니들에게 고추를 따먹혔는가! 그게 습관이 되어서인지 모르겠지만 많은 남자들이 커서도 아무 여자나 보면 자기 고추 따 먹어 보고 싶어 할 것이라고 착각하며 살고 있는 것이다.

이런 생각이 이성(理性)이라는 선을 살짝이라도 넘기라도 한다면 아무 여자에게나 열심히 꼬추질을 해대며 다니게 되는 것이다. 그러다 결국에 국가로부터 그 공로를 인정받아 국가가 인증한다는 발찌까지 차고 다니는 것이 아닌가! 여자가 부족해서 그런지 이제는 아이들한테까지 꼬추질을 하고 다닌다. 이런 인간들은 화학적 거세(去勢) 뿐만 아니라 물리적 거세까지도 해야 한다. 특히, 물리적으로 거세할 때는 사포와 같은 연마 도구로 천천히 아주 예쁘게 연마해 주어야 한다. 그것도 아주 천천히 말이다.

고추 달린 인간들아! 여자들에게 함부로 꼬추질 하려 하지 마라. 여자한테 욕하고 주먹질하지 마라. 약자에게는 한없이 약해지라고 그리 이야기하는데도 신체적으로 약한 여자들이나 아이들에게 왜 그리 힘자랑을 하며 사는가!

분명 욕 잘하고 주먹 잘 쓰는 남자들은 대뇌 피질의 베르니케 영역(문자를 듣거나 읽어서 해독할 수 있게 하는 감각 언어 영역)과 브로카 영역(발음을 할 수 있도록 하는 운동 언어 영역)이 잘못되어 있을 것이다. 그러니 논리적이고 합리적인 언어 구사를 못 하는 것이고 말을 못 하니 욕부터 나오며 주먹부터 휘두르는 것이 아닌가?

그래놓고 어찌 그리 당당한가?

그건 아마도 어릴 때부터 부모들에게 배웠기 때문이다. 아들이라고 목에 힘주며 자랑하던 모습들만 보며 자랐으니 아직도 지가 자랑스럽고 잘난 아들이라고 생각해서 그런 것이다. 쪽팔린다. 고추들아 고춧값 좀 제대로 해라.

부럽다…. 졌다!

〈슈퍼맨이 돌아왔다〉, 〈아내의 맛〉, 〈얼마예요?〉 등 가족이나 부부가 출연하는 다양한 가족 예능프로그램이 방송 중이다. 많은 사람들이 시청하는 인기프로그램이다. 하지만 필자는 처음 몇 회 정도만 시청했지만 지금은 보지 않는다. 요즘도 비슷한 프로그램들이 어느 정도 방영되는 것으로 알고 있다. 많은 연예인의 자식들, 그리고 연예인 부부들, 그들의 일상에 대하여 많은 이야기를 알려주고 있는 프로그램이다.

그런데 우리가 왜 시시콜콜한 그들의 가정사에 궁금해야 하지? 그들 부부의 문제나 육아 문제는 그들만의 문제인 것이다. 프로그램에 출연한 이들은 얼마나 많은 출연료를 챙겨갈까. 방송 출연을 통해서 그들은 또 얼마나 유명해지고 있나? 일부는 광고에 출연해서 수입도 더 생길 것이다. 그들의 일상은 보통사람들과는 다르다. 연예인들은 그들이 그 위치에 오르기까지 많은 고생과 노력을 했으니, 그들은 그럴 만하다. 하지만 그들의 배우자나 자식들도 연예인 당사자와 같은 대우를 받아야 하나?

아무런 고생도 노력도 없이 연예계로 진출할 수 있는 기회까지도 얻어야 하나? 공평하지 못하다. 유명하고 재산이 많은 부모나 배우자를 두고 있기에 부족함 없이 남들이 꿈꾸는 그런 삶을 살고 있다. 이것이 대물림이라는 것이다. 대물림이 나쁘다는 것이 아니라 다른 사람에게 주어져야 할 기회마저 모두 가져가서 독식하는 것이 잘못된 것이라는 것이다. 지옥 같은 삶의 현장에서 생존하기 위해 하루하루 싸워가는 우리들 보통사람들과는 다르다.

부모가 아파 돌봄 없이 자라는 아이들, 쉴 집이 없는 아이들, 전기도 끊겨 춥고 어두운 곳에서 생활하는 아이들, 끼니도 제대로 해결 못하는 아이들이 우리 주변에 너무나 많다. 하루하루 힘든 삶을 살고 있지만 형편이 나아지지 않아 자식들에게 못해주는 부모들의 가슴은 분명히 아플 것이다. 그 정도면 다행이다. 지금 이 시각에도 가정폭력 등 잘못된 어른들로 인하여 시달리고 있는 아이들은 얼마나 많이 있나! 너무 불공평한 세상이다. 부럽다. 졌다! 다음 생을 기대해야 하나? 절대로 아니다.

대부분 사람들은 자신이 흙수저로 태어난 것을 인정한다. 운명이고 팔자인 것을 인정하고 있다. 그들은 금수저 출신들이 가지고 누리는 것을 동등하게 나누어 달라는 것이 아니다. 많은 사람들이 상위 사회로 진출하기 위해 최선을 다해 열심히 노력하는 것이 아니라는 그 증거다! 하지만 그럴 기회가 주어지지 않아 꿈조차도 꿀 수 없는 사회가 된다면 어떨까?

인도의 카스트 제도처럼 많은 사람들을 수드라(가장 낮은 지위의 노예 계급) 계급에 두고 소수의 사회지도층끼리 대한민국을 마음대로 하겠다는 이야기 아닌가! 빈익빈 부익부(貧益貧 富益富), 이곳은 북한이 아니다. 빈곤의 악순환을 없애야 한다. 그러기 위해서라도 최소한 방송사에서만큼은 그런 방송에 대하여 제작과 방영을 자제해야한다. 부모가 연예인이라고 힘들이지 않고 연예계로 진출하거나 쉽게 돈을 벌 수 있게 하지 말아야 한다.

또한 보통사람들이 상대적 박탈감을 느끼지 않도록 방송에서부터배려해야 한다. 만약 가족프로그램을 제작하여 방영하고 싶다면 어려운 형편에 있는 사회적 약자를 찾아 방송하자. 분명히 많은 사람들이 사회적 약자의 힘든 삶을 보면서 자신의 처지를 만족하고 행복하다고 생각할 것이다.

일부 좋은 사람들은 기부나 후원을 하여 어려움에 처해있는 사회적 약자를 도울 것이고 국민을 생각하는 좋은 정부라면 사회적 약자를 보호해 줄 수 있는 제도를 반드시 만들 것이다. 백그라운드가 금수저 흙수저가 결정되는 것을 최소화시켜 주어야 한다. 기회의 평등즉, 모두에게 공정한 기회를 주어야 한다. 그래야만 모두가 그 공정한 기회 속에서 각자의 꿈과 희망을 갖고 열심히 살 것이다.

노력하는 사람들이 많다는 것은 결국 국가가 건강하다는 것이 아닐까?

Dreams come true!

누구나 꿈을 꾼다. 초등학교까지는 모든 것이 될 수 있다. 그러나 중학교로 올라가서 성적표를 받기 시작하면서 꿀 수 있는 꿈이 조금 줄어든다. 하지만 그 당시까지도 많은 꿈을 꿀 수 있다. 고등학교에 진학하게 되면서 실업계 고등학교로 진학하는 사람들의 진로는 바로 결정되고 일반 고등학교에 진학하는 사람들은 2학년에 올라가면서 문과와 이과로 나누어지면서 꿀 수 있는 꿈이 절반으로 줄어든다.

그리고 이들 중 많은 사람들이 어디에 있는지도 모르는 생소한 이름을 가진 수많은 대학에 진학하게 되고 결국 그들의 꿈은 한낱 꿈으로 밖에 남지 않는다.

고등학교 3학년생 자녀를 둔 집안의 부모들은 대부분 대학별 합격자 발표 시즌이 되면 주변으로부터 "대학 어떻게 됐어?, 어느 대학에 갔어?"라는 소리를 듣는다. 대학 합격 여부부터 묻는다. 좋은 대학에 합격한 자녀를 둔 부모들은 자랑스럽게 어느 대학에 합격했다고 당당하게 이야기한다. 나머지 대학에 합격한 부모들은 그냥 4년제 대학에 합격했다거나, 합격은 했는데 자식이 마음에 들지 않아 재수를 한다고 말한다. 이게 우리 사회현상이다. 좋은 대학에 진학해야 부모님들께서 좋아하시니까 실망시켜 드리지 않기 위해 다들 열공한다.

어떤 사람들은 부모들에 의하여 자식들의 진로가 결정된다. 하지만 그것도 그나마 자식들이 공부를 어느 정도 하는 집안의 이야기이다. 공부에 관심이 없든지 공부에 재능이 없어 못하는 사람들은 이름도 생소한 대학에 관심도 없었던 전공학과에 진학한다. 그리고 전공한 분야에 취업하려 애쓴다. 자선사업가도 아니고 더 이상 이름도 생소한 대학교 교직원들 생계까지 책임지려 하지 말자.

대학에 진학하는 사람들은 아래 네 가지 형태로 구분된다.

첫째, 좋은 성적으로 원하는 대학, 원하는 전공학과에 진학하는 사람들. 둘째, 성적이 기대보다 조금 낮아 전공은 상관없이 원하는 대학에 진학하는 사람들. 셋째, 역시 성적이 기대보다 낮게 나와 원하는 대학은 아니지만 원하는 전공학과에 진학하는 사람들. 넷째, 성적이 좋지 않아 그냥 아무 대학, 아무 학과에 진학하는 사람들로 각각 나누어 진학한다.

그러나 결국 이들은 '적성에 맞는다.' 아니면 '적성에 맞지 않는다.' 이 두 가지 형태로 나눠진다. 적성에라도 맞으면 그나마 다행이다. 적성에 맞지 않는 사람들은 어떤가? 일부 용기가 있는 사람은 본인의 꿈을 이루기 위해 자퇴라는 방법을 선택하지만 대부분은 학업을 계속하고 졸업한다. 그리고는 전공학과와 관련된 회사에 취업해서 평생 살아간다. 왜 하기 싫은 것을 계속하는가? 적성에 맞지 않는 학교에 다니는 이유가 무엇인지 모르겠다. 대학에 입학했다고 좋아하셨던 부모님들이 실망할까봐 그런 것인지 아니면 학비를 지원해주고 있는 부모님께 혼날까 봐 그런 것인지 아니면 새로운 것에 도전할 용기가 없어 그런 것인지 모르겠다.

대학에 다니는 시간과 비용을 가지고 본인의 꿈을 이루기 위해 사용해 보는 것은 어떨까? 요리를 하고 싶은 사람은 요리학원이나 해외로 가서 유명한 식당에 취업하여 경력과 실력을 쌓으면 안 되는 것인가? 제빵이나 바리스타에 관심이 있다면 선진국으로 배우러 다녀오면 안 되는 것인가?

A라는 사람이 있다고 가정하자. 자신도 요리사를 직업으로 갖고 싶어 하고, 세계적인 수준의 요리사가 될 수 있는 잠재력도 가지고 있는데, 대학을 가야 한다는 사회적인 분위기나 부모들의 요구로 어쩔 수 없이 관심도 없는 공부를 하게 되고 이름도 생소한 대학에 자신의 꿈과는 전혀 관련 없는 학과에 입학한 후 졸업하여 전공과 관련된 회사에 취업해서 그냥 평범한 삶을 살아간다면 국가적으로도 얼마나 낭비란 말인가! 오히려 대학진학을 하지 않은 사람들이 훨씬 더 많은 꿈을 꿀 수 있고, 자신이 원하는 일을 하며 살 수 있기에 더 행복하지 않겠는가?

만약 자신이 이루려고 하는 꿈이 관련 대학, 관련 학과를 전공해야 하는 전문직이라면 열심히 공부해야 할 것이다. 하지만 대부분은 졸업장이 필요 없는 직업들이다. 전문직을 꿈꾸는 사람들과 학문을 연구하고 싶어 하는 사람만 대학에 진학해야 한다.

스튜어디스가 꿈인 사람들이 왜 대학을 나와야 하는가? 고등학교 졸업 즉시 우리나라 항공사 기준에 맞게 자기개발을 하고 바로 취업하면 되지 않나? 부사관이 되고 싶으면 부사관으로 군에 지원하면 될 것을 왜 이름도 생소한 대학에 군사학과며 부사관학과라는 것을 만들어 놓고 사람을 모집하여 돈을 뜯어내고 있는가? 왜 졸업장 없이는 스튜어디스나 군인이 될 수 없나? 사회가 대학 졸업장을 요구하기 때문일 것이다.

그러니 전국 각지에 이름도 생소한 대학들이 생겨나고 있는 것이다. 이런 대학교 수를 줄여야 한다. 이름도 생소한 대학을 인재양성을 한다며 그럴듯하게 포장해 놓고 돈을 벌기 위해 운영하는 사람들은 이제 그만 사업을 접어라. 졸업장 장사를 그만하라는 것이다.

아직까지도 대학을 나와야 한다는 우리의 사회 분위기가 문제이다. 춘추전국시대도 조선 시대도 아닌데 아직도 사농공상(士農工商)이 존재하고 있는 우리 사회의 분위기를 바꾸기 위해 모두가 노력해야 한다. 사회 분위기가 바뀌려면 국민 한 사람 한 사람의 의식부터 바뀌어야 하는데 이렇다 할 답은 없는 것 같다. 하지만 기회의 평등 안에서 자신의 꿈을 이루기 위해 최선을 다하며 열심히 노력하는 사람 누구나가 그 꿈을 이룰 수 있는 사회가 만들어지기 위해서는 먼저 국가가 적극적으로 개입해야 하지 않을까?

누구나 인생은 한 번 밖에 살 수 없다. 한 번 밖에 주어지지 않는 인생을 즐겁고 행복하게 살아야 하는 것이 아닌가! 즐겁게 산다는 것은 어떻게 사는 것일까? 자기 자신이 원하는 일을 해야 그 일이 재미있는 것이고, 일이 재미있어야 삶이 즐겁고 삶이 즐거워야 인생이 행복한 것이라고 생각한다.

꿈이란 무엇일까? 실현시키고 싶은 희망이나 이상(理想)을 꿈이라고 한다.

Dreams come true! 우리 모두 자신의 꿈을 이루기 위해 노력하자.

만들 땐 니 맘대로…

매년 너무나 안타까운 소식들을 한 번 이상은 접하는 것 같다. 필자가 글을 쓰기 몇 해 전 '어린이날에 시흥시 농로에서 발견된 렌터카 안에서 부부가 4살 아들, 2살 딸을 각각 꼭 끌어안고 의자에 앉은 채로 사망한 채 발견되었다.'라는 뉴스를 접했다. 이따금 보게 되는 '일가족 극단적 선택', '동반 자살' 뉴스 제목을 볼 때마다 필자는 과연 그 아이들 자신도 그 선택을 원했을까? 아니면 자신이 원치 않는 죽음을 피하려 발버둥 쳤을까? 라는 생각을 해본다.

어제까지만 해도 친구들과 웃으며 뛰어놀았을 너무나 순수한 아이였을 텐데 도대체 어린아이가 무슨 죄가 있어서 본인은 원하지 않은 죽음을 맞이할 수밖에 없었을까? 사는 것이 힘이 들었던 것은 어른들이었을 것이다. 대부분 경제적으로 어려워서, 아니면 부모 중 한 명이 우울증과 같은 정신질환 등을 앓고 있기에 그런 극단적인 방법을 선택하고 있다고 한다. 얼마나 사는 것이 힘이 들었으면 자살이라는 극단적인 선택을 할 수밖에 없었을까? 자살이라는 그 선택은 이해 못지만 그들이 그런 방법을 선택하도록 한 이 나라에서 살고 있는 국민의 한 사람으로서 너무나 죄송스럽게 생각하며 늘 고인들의 명복을 빌게 된다. 하지만 왜 그렇게 순수하고 아무 것도 모르는 아이들까지도 데려가야 했을까? 아이들도 이생의 삶을 힘들어했을까? 분명 아이들은 아니었을 것이다.

대부분 아이들은 어렸을 때 집안이 가난한지 부자인지 아니면 부모님께서 경제적으로 힘든지 모른다. 정말로 아무것도 모른다. 너무나 천진난만한 아이들이다. 아이들이 원하는 것은 없다. 그냥 엄마 아빠와 손잡고 소풍 가서 주먹밥 한 덩어리라도 가족과 같이 먹는 것에 행복해하고 친구들과 밖에서 뛰노는 것이 좋으며 좋아하는 TV 프로그램을 보는 것에 행복해한다. 잠자는 모습을 봐라! 그 아이들의 얼굴에 어른들이 느끼는 그런 힘듦이 있던가? 자는 아이들의 모습이 얼마나 평온해 보이며 사랑스럽던가! 부모가 극단적인 선택을 하고 나면 남아있는 아이들이 고생할까 봐 같이 데리고 가는 걸까?

제발 부탁이다. 만들 땐 당신 맘대로였지만 갈 땐 그 아이들을 놔두고 가라. 당신들이 만들었다고 하여 당신들의 소유물이 아니다. 당신들에게는 소중한 아이들의 생명까지 거두어갈 그럴 권한은 없다. 그 권한은 우리 인간이 아닌 신께서만이 가지고 계신 것이다. 아직까진 우리 국민의 인심이 당신들이 생각하고 걱정하고 있을 정도로 메말라 있지는 않다.

부모들이 비록 삶의 무게를 못 버텨 극단적인 선택을 하더라도 아이들만은 그냥 놔둬라. 남게 될 그 아이들은 먼 훗날 반드시 우리 사회를 이끌어 갈 아주 큰 일꾼이 될 것이다. 그리고 행복한 삶을 살아갈 것이며, 수많은 사람들로부터 존경받는 삶을 살 것이다. 그 아이들은 후회 없는 삶을 살 것이다.

또 먼 훗날 반드시 사랑하는 사람을 만나고 그 사람과 행복한 가정을 꾸려 알콩달콩 살 것이며 누구보다도 더 훌륭하게 성장한 그들의 자식들 그리고 눈에 넣어도 아프지 않을 만큼 어여쁜 손주들과 같이 행복한 삶을 살아갈 것이다. 그 아이들은 자신들과 같이 부모 없이 자라고 있을 아이들에게 꿈과 희망을 될 수 있도록 훌륭하게 자랄 것이다. 그렇게 성장할 수 있는 아이들을 당신들의 이기심으로 너무나 빨리 데려가는 것이다. 그 아이들을 태어나게 한 것은 당신들의 선택이었지만 데려가는 결정권은 당신들에게 없다.

극단적인 선택을 생각하고 있을 당신들의 가장 좋은 선택은 이를 악물고 다시 한번 살아보는 것이다. 죽을 용기가 있으면 그 용기로 충분히 살 수 있다고 생각한다. 그러기 위해서 먼저 주변에 알려라. 지인들에게 도와달라고 살고 싶다고 외쳐라.

지역별로 국가와 지자체에서 무료로 운영하는 정신 보건센터도 있다. 그곳에 가서 맘이 너무나 아프니 도와달라고 외쳐라. 소중한 생명을 지켜야 한다. 우리 모두 도와줄 것이다. 그러니 제발 극단적인 선택을 하지 마라.

무궁화 꽃이 피었습니다

애국가는 우리나라의 이상과 정신을 나타내는 국가(國歌)이고 무궁화 꽃은 우리나라를 상징하는 국화(國花)이다. 그런데 언젠가부터 공식적인 행사에서 애국가를 제창하는 모습이 사라지고 있으며 무궁화라는 꽃은 '벌레가 모여들어 귀찮고 더러운 꽃이다'라는 이야기가 돌기 시작하더니 지금은 무궁화가 식재되어 있는 곳을 거의 찾을 수가 없다. 그나마 애국가는 올림픽 등 운동경기에서 종종 들리기에 사라지진 않을 것이라고 생각하지만 우리나라 국화인 무궁화와 그와 관련된 동요는 이미 사라졌다. 필자 개인의 생각이 아니다. 지금 20대 이하 세대가 이 꽃이 국화(國花)이며 이런 노래가 있다는 것도 모르니 당연히 사라졌다는 것이다.

필자가 군에 근무 당시 한창 입대하고 있던 90년대에 중반 이후 출생한 20대 초급 간부와 병사들에게 이 노래에 대하여 흥얼거리며 들려주었더니 아는 이가 하나도 없었다. 그뿐만이 아니다. 애국가 4

절까지 아는 이들도 절반 정도밖에 되지 않았다. 환장할 일이다. 도대체 누가 우리나라를 이렇게 만들었으며 어떻게 이렇게까지 되었는가! 누가 우리나라 국화인 무궁화와 그에 대한 것들을 국민들 머릿속에서 지우고 있는가!

바로 교육자들과 정치인들 아닌가! 전교조 출신 교사들이 판을 치는 교육 현장에서 또 빨갱이들이 찍어내는 교과서를 가지고 교육을 하는데 당연히 그들은 우리 아이들의 머릿속에서 자유 대한민국을 상징하는 것들을 하나하나 지우며 국가와 이념을 부정하고 있다.

최근 양주군 소재의 '덕현고등학교'의 사례를 보더라도 북한 인공기를 교실에 걸어놓고 먼저 북한을 친근하게 느끼도록 한 후 북한을 찬양토록 우리나라를 이끌어 갈 미래의 인재들을 세뇌하고 있다.

서울시 관악구 소재의 '인헌고등학교'는 어땠는가? 반일구호를 복창하지 않거나 조국 전 법무장관 일가의 범죄혐의를 비판하는 학생들을 '일베'니 '수구'니 운운 폄하하는 그런 빨갱이 교사들이 우리나라 학생들을 교육하고 있다. 관련 선생들을 북괴식으로 공개총살을 할 수도 없고….

그뿐만인가? 이제는 사회 곳곳에서 개최되는 국가 행사에서도 애국가를 제창해야 하는 순서가 생략되고 있다. 필자와 같이 반공과 애국에 대하여 제일 먼저 교육받고 자라온 70년대 이전에 태어난 우리 국민들에게 간곡히 부탁한다. 마지막으로 젖 먹던 힘까지 쥐어 짜서라도 잘못된 우리나라 교육을 바로 세워 우리 후손들이 이 땅에서 자유를 누리며 살 수 있도록 노력하자. 이념적으로 대치하고 있는 자유 대한민국에서 반공과 애국에 대한 교육이 최우선이 되어야 하지 않는가!

거창하게 생각하지 말자! 국가가 무엇인지를 국화가 무엇이며 어떻게 생겼는지를 알려주자. '무궁화 꽃'이라는 동요와 '무궁화 행진곡'이라는 동요들을 어떻게 부르는지 제대로 알려주어 우리 후손들이 흥얼거리며 다니도록 하자. 어렵게 생각하지 말고 늦었다고 생각하지 말자. 이런 작은 것 하나부터가 우리 후손에게 애국심을 심어주기 위해 기성세대들이 제일 먼저 해야 할 일이다. 어렵지 않다. 힘들지 않다.

먼저 인터넷에 접속하여 아이들에게 무궁화에 관련된 동요들부터 찾아서 들려줘라! 우리 조상들이 온갖 역경에 꽃이 지었다가 결국 다시 자유의 꽃을 피웠듯이 매일매일 피고 지고 또 꽃을 피우는 무궁화를 보여줘라. 우리 조상님들이 그러셨고 지금 우리나라 국민들의 기질과 정신이 바로 이 무궁화라는 것을 가르쳐 주어라. 애국심이 있어야 자유민주주의를 지키려는 의지가 생겨나게 되는 것이다.

사랑하는 나의 조국 자유 대한민국! 자랑스러운 대한민국의 자유민주주의 체제가 영원히 지속되기를 필자의 간절한 마음을 담아 여러분께 부탁한다.

무궁화 꽃(작사/작곡 김성균)

무궁화 무궁화 우리나라 꽃
삼천리 강산에 우리나라 꽃
피었네 피었네 우리나라 꽃
삼천리 강산에 우리나라 꽃

무궁화 행진곡(작사 윤석중, 작곡 손대업)

무궁무궁 무궁화 무궁화는 우리 꽃
피고지고 또 피어 무궁화라네
너도 나도 모두 무궁화가 되어
지키자 내 땅 빛내자 조국
아름다운 이 강산 무궁화 겨레
서로 손잡고서 앞으로 앞으로
우리들은 무궁화다.

주제 파악

'우리민족은 교육열이 높다, 지능이 세계 최고다. 또한 오랜 역사를 가졌고 활을 잘 쏘고 말을 잘 타며 춤과 노래를 좋아한다. 심지어 우리는 주변 국가를 한 번도 침략하지 않았다. 늘 흰색 옷을 즐겨 입은 깨끗한 백의민족이다. 우리민족의 급한 성격이 우리나라를 초고속 급성장 시켰다.' 등등 어마어마하게 좋은 것은 다 가져다가 붙여 놓고 어린 우리들을 세뇌시켰다. 지금도 많은 사람들이 그 말이 맞다고 생각하며 살다가 죽어가고 있을 것이다.

순수한 어린 아이들에게 민족주의를 세뇌시켜 훗날 마음대로 조종하려는 엄청난 프로젝트였던 것이다. 민족이라는 말을 내세워 선전선동하고 있는 그들, 그런 세뇌가 있었기에 민족이란 말을 내세우기만 하면 선동되는 것이다. 빨갱이들의 선전선동하는 방법은 고개를 흔들 정도로 대단하다. 인정한다.

대한민국은 지금까지 위기가 닥치면 뛰어난 리더 몇 명이 위기를 극복시켰다. 6·25 전쟁을 보아라. 백선엽 장군 같은 분들이 계셨기에 지금의 우리는 자유를 만끽하며 살아갈 수 있는 것이다. 박정희 대통령과 같이 뛰어난 분들께서 국가를 잘 이끌어 주시어 지금의 대한민국을 만드셨다. 그분 대신 다른 누군가 대통령이었다면 더 큰 업적을 이루었을지 모른다고? 웃기는 소리마라. 그 당시 박정희 대통령님께 대적할 사람이 누가 있었는가? 김대중? 김영삼? 입에서 방귀세는 소리는 말 타고 서부에 가서 큰소리로 해라!

그 당시 김대중과 김영삼은 경부고속도로 건설을 반대한다고 공사현장에서 드러누웠던 사람들이다. 물론 훗날 그들은 대통령에 당

공사비 당시 예산의 23.6%…YS·DJ도 반대 기술
·장비 부족해 77명 희생자 발생하기도

◆ 최악 여건에서 모험 강행
다리 305개와 터널 12개를 지어야 하는 경부고속도로는 429억300만 원이 투입됐다. 1967년 국가예산23.6%였다. 요즘과 비교할 때 km당 1억 원이라는 싼값에 지었지만 당시 1인당국민소득이142달러였다는 점을 감안하면 엄청난 모험이었다. 연간 총 수출액이 3억 2000만 달러,무역수지 적자가 5억 7400만 달러에 달할 때였다.
토목기술도 형편없었다. 장비가 부족해 군 장비를 가져다 썼다. 공사기간을 단축하기 위해 겨울에는 언땅에 짚을 깔고 불을 지펴 땅을 녹이면서 지반을 다졌다. 공사 과정에서 희생자가 77명이나 나온 것도 기술과 장비 부족 때문이었다.

◆ 정치적 반대가 큰 장벽

당시 야당이었던 신민당 지도부는 경부고속도로 건설에 반발했다. 김영삼·김대중 전 대통령도 포함돼 있었다. 두 전직 대통령은 당시 경부고속도로 건설 현장을 찾아가 굴삭기 앞에 드러누워 시위를 하기도 했다.

" 우량농지 훼손 웬말이냐 "
" 쌀도 모자라는데 웬 고속도로"
" 부유층의 전유물인 고속도로 결사반대"

선되어 곧 망할 수 있었던 북한에 식량 가져다 줘 목숨을 연명시켜주었지, 돈 가져다 줘 핵개발을 하도록 해 주었지, 일본의 버르장 머리를 고쳐준다며 온 열정을 쏟아 부은 결과 국제화 시대에 걸맞은 국민들로 거듭나도록 전국민이 IMF를 체험하게 해 주었지….

우리나라 사람들은 약자에게 강하고 강자에게 약하며 잔인한 사람들이 많다. 남이 잘되는 꼴을 못 본다. 혼자서는 어디 가서 큰소리도 못 치는 사람도 많다. 그리 잘난 사람들이 대중 속에서만 큰소리를 낸다. 팔랑 귀를 갖고 있는 사람도 많다. 그러니 역사적인 사실과 과학적 근거를 왜곡해서 선전해도 쉽게 선동을 당하는 것이 아니겠는가!

광우병 시위, 박근혜 대통령 당시 하야를 외치며 했던 촛불시위가 대표적인 예일 것이다. 또한 우리는 지연, 학연, 혈연을 중요하게 여긴다. 그러니 훌륭한 인재를 고루 등용하지 못하고 에어컨 실외기 같은 인간들을 임명해서 국가를 벼랑 끝으로 몰아가고 있는 것 아닌가?

문재인 정부를 봐라! 인재를 아껴 쓰고, 나눠 쓰고, 바꿔 쓰고, 다시 쓰는 아나바다를 하고 있는 것 아닌가? 그러니 경제면 경제, 국방이면 국방, 외교면 외교… 잘하는 것이 없지 않는가! 물가는 안정적인가? 집값폭등, 세금폭탄, 농산물 값도 오르더라…. 그리 선동당하더니 살기 좋아졌나? 반성하자. 그리고 전문가들의 이야기에 경청해라.

얼마나 감정에 휩쓸리는 민족인가? 위안부는 매춘부라고 해서 뭇매를 맞았던 류석춘 교수, 그리고 이영훈 교수 『반일 종족주의』 시리즈를 집필한 저자분들은 역사적인 근거를 가지고 주장을 하는 것이다. 우매한 우리 국민들이 이해할 수 있도록 제발 믿으라고 역사자료까지 하나하나 책에 참고자료로 삽입한 것 아닌가? 필자가 읽어보고 확인해 봐도 근거가 있고 반박할 논리가 생기지 않는 그런 훌륭한 저서와 논리들이다. 하지만 그분들에게 반박하는 이들의 논리를 봐라! 근거도 없이 민족을 내세우고 국민감정에만 호소하는 집단에 언제까지 선동될 것인가!

5·18도 마찬가지이다. 개인정보보호라는 그럴 듯한 포장으로 거부만 하지 말고 유공자 명단과 공적만 공개하면 간단히 해결될 일 아닌가? 그리스 신화인가? 그리스 신화는 스토리라도 그럴듯하지. 신화 같은 이야기를 듣고 동요되지 말고 역사적 사실과 과학적 근거를 잘 살펴봐야 할 것 아닌가?

이제는 그것들에 대해 입도 뻥끗 못하게 만들었다. 그래서 빨갱이들은 그들이 꾸며내는 신화 같은 이야기로 선전선동하는 것이고 거기에 바로 넘어가는 게 우리민족이라는 것이다.

내가 부족한 것은 인정하고 받아들여 주변의 조언을 듣는 자세를 가져야 한다. 근거를 제시하면 반박이 가능한 근거로 대응하든지 제시할 근거가 없으면 인정하고 수용하는 자세를 가져야 한다. 그래야 발전할 수 있는 것이다. 우리가 살고 있는 이곳 자유 대한민국과 휴전선 155마일 사이에 대치하고 있는 북괴가 있다는 사실을 인지하자. 그리고 호시탐탐 자유 대한민국의 공산화를 노리는 불손세력이 우리 내부에 있다. 그러니 먼저 내 자신부터 그리고 내 나라 내 민족에 대해 정확히 알고 살자.

국민들아 제발 주제파악부터 하자!

이젠 때자(者) 꼭 떼자

인천 차이나타운, 가리봉동, 대림동, 구로동, 신길동…, 중국인들이 많이 거주하는 곳이다. 국가통계포털(KOSIS) 기준 2019년 현재(집필 당시에는 2020년과 2021년도 자료는 미반영 되어 있었음) 기준 중국인 208,081명과 한국계 중국인 332,525명이 한국에 거주하고 있다고 한다. 한국계 중국인, 조선족이다. 우리는 그들 중 조선족을 중국동포라고 부른다. 조선족이 언제부터 동포가 되었지?

그들은 중국을 구성하고 있는 50개가 넘는 소수민족 중 하나일 뿐이다. 동포와 중국인과는 분명히 다르다. 말에 따라 우리가 받아들이는 것이 다르다. 동포라고 하면 친근감부터 느낄 것이다. 하지만 중국의 조선족인 그들은 우리를 동포라고 생각할까? 천만에 말씀 만만에 콩떡이다. 그런 그들에게 투표권까지 주었다고? 미치고 환장할 짓이다.

미칠게 하나 더 있다. 그들이 보유하고 있는 토지는 2020년 기준 54,112필지로 면적으로는 19,802,919㎡나 되는 엄청난 면적의 토지를 소유하고 있다. 이 수치에는 아파트와 같은 주거용 주택은 제외되어 있다. 아직은 교포를 포함한 미국인이 1위이며 그 다음이 중국인이다. 우리는 정확한 상황을 인식해야 한다. 중국은 공산주의 국가이다. 시장경제 체제만 자본주의 시장경제 체제를 도입한 것이다. 그들은 우리나라를 공산화시켜 일본을 고립시키고 미국과의 패권경쟁에서 한걸음 더 나아가려는 것이다. 그래서 일대일로(一帶一路)를 선언하고 아시아 국가들 하나하나를 그들의 편으로 끌어들이려는 것이 아닌가?

전역이 얼마 남지 않았던 지난 2019년에 필자는 태국 이민을 계획했었다. 그래서 그해 태국 치앙마이에만 3번이나 다녀왔다. 그곳에 이민을 가게 되면 살 일반주택을 알아보았다. 한국의 물가를 생각해 보면 전역 후 받게될 군인연금만으로는 살아가는 것이 힘들다고 생각되었기 때문이다.

그리고 나와 함께 살며 내게 웃음과 위안을 주고 있는 사랑스런 나의 아이들(사랑하는 딸 효빈, 반려견 아델, 레오. 반크 그리고 길냥이었던 복자)과 넓은 들판에서 마음껏 뛰어놀며 같이 살아가기 위해서 계획을 했었다. 하지만 빌라 등 토지가 있는 일반주택은 외국인은 절대로 매입할 수가 없다는 사실에 좌절까지는 아니었지만 전역 후 태국 이민의 꿈을 접게 되었다. 그들 국가의 정책은 외국인에게는 토지의 지분이 없는 콘도(한국식 주상복합 건물)만 매입이 가능했었다. 외국인이 토지를 사게 되면 자국민이 피해를 입고 결국에는 나라가 위태로워질 수 있기 때문일 것이다.

태국뿐만 아니라 베트남, 필리핀 등 동남아의 많은 국가들은 외국인의 토지소유를 불허한다. 하지만 우리나라는 어떤가? 많은 외국인들이 우리나라의 토지를 소유하고 있다. 어느 누가 이런 에어컨 실외기 같은 법안을 발의해서 통과를 시켰는지 하나하나 찾아서 소리 안 나는 총으로 마무리로 확인까지 하고 싶다.

필자의 이야기가 의심스럽나? 그렇다면 먼저 국내에서 홍콩사태 때 각 대학에서 지지하는 대자보를 훼손하고 홍콩의 민주화를 지지했던 우리의 대학생들과 대치했던 중국에서 유학온 대학생(공산당)들을 잘 생각해 봐라. 이뿐만이 아니다. 2008년 4월 24일 호주 캔버라에서 티베트 지지 시위대에 대해 그 곳으로 유학 온 중국인 대학생(역시 공산당)들이 붉은 깃발을 휘두르며 폭력을 행사했다고 한다. 무서운 공산당이다. 이런 사례들을 보더라도 중공은 여전히 세계를 통제하려는 야망을 보여주고 있다. 그 당시에는 심지어 호주 시민들에게까지도 폭력을 행사했으며 경찰들도 어찌 막을 방법이 없었다고 한다.

박근혜 대통령 탄핵을 부추긴 촛불 데모때 우리나라에 와 있는 6만 여명의 중국유학생들 중 많은 학생들이 동원되었다는 충격적인 사실은 알만한 사람은 다 안다. 이는 그들이 시위 현장에서 거꾸로

든 한글 피켓 때문에 탄로가 난 사례도 있지 않은가.

또한 이런 정부 당국의 분석도 있다. "주한 중국 유학생 때문에 북한은 유사시 한국을 공격하기 어렵다. 중국 유학생이 한국 안보에 기여하는 점이다. 그러나 다른 편으로는 중국의 국익을 실현하는 선봉대 역할을 할 수 있다"는데 우려가 된다. 이처럼 우리는 경계를 해야 한다.

중공은 우리가 동포라고 칭하며 다른 나라 사람들보다 상대적으로 경계를 덜 갖고 있는 중공정부 당국은 소수민족 중 하나인 조선족을 이용해 한국을 통제하려 하고 있다. 정치권도 친중 국회의원들을 통해 중국 공산당의 전략에 놀아나서 이런 법률을 개정하고 또 그들이 대한민국 국민들이 내는 세금을 쓸 수 있도록 하고 있다는 것이 한심스러울 뿐이다.

중국인은 하나하나가 공산당원이다. 그런 그들에게 투표권과 토지 소유권을 준다는 것은 대한민국을 통째로 중국에게 넘겨주겠다는 것이다. 지금이라도 당장 그들의 투표권을 박탈하고 소유한 토지를 강제라도 수용해야 한다. 그리고 그들을 중국동포가 아닌 조선족이라고 그들의 호칭부터 바꾸어야 한다. 문 정부는 조선족들에게까지 코로나 지원금을 아낌없이 주고 있으니 유구무언이다.

이젠 때자(着) 꼭 떼자!

아! 전라도여…

　예로부터 전라도 출신의 사람들 중에 인재가 많았다고 한다. 지금도 마찬가지라고 생각한다. 필자의 경험에도 그곳 출신의 사람들은 똑똑한 사람들이 많았다. 그들의 응집력 또한 다른 지역출신들과는 달리 대단하다. 하지만 이 응집력이 정치인들에게는 왜 냉정할 수 없을까?

　투표율이야 지역별로 조금씩 다르지만 선거때만 되면 공산당도 아니고 거의 몰표수준으로 당선이 된다. 이건 공산국가에서나 볼 수 있는 현상이다. 전라도에서는 김대중의 공천만 받으면 빗자루도 당선된다는 우스갯소리도 있다. 경상도는 이곳저곳에서 여당 출신도 야당 출신도 당선된다.
　그리고 특정 정당 출신에게 90%가 넘는 몰표는 없다. 전라도 출신 사람들의 이런 짓들이 대한민국을 망치고 있다. 아! 전라도여…

전라도 출신의 여러분들은 대한민국 국민이 아닌가? 정치를 잘 할 수 있는 사람을 뽑아야 하는 것이 아닌가? 전라도 사람이니까! OO당 사람이니까! 또 그렇게 몰표로 그 사람이 당선된 후에는 어떤 짓들을 하더라도 "누구누구 잘하고 있제! 누구누구 잘하제!"라며 적극 옹호해 주고 있다.

얼마전 전라도 출신 3명과 식사를 했었다. 박원순 전 서울시장, 오거돈 전 부산시장, 양향자 더불어민주당 광주 서구 국회의원, 김경수 전 경남도지사, 안희정 전 충남도지사, 윤미향 전 더불어민주당 비례대표 의원(현재 무소속), 조국 전 법무부 장관, 이광철 청와대 전 민정비서관 등 민주당 출신이나 문 정권 출신 인사들의 다양하고 추잡한 일들을 저지른 사실이 재판 등을 통하여 사실로 확인되고 있는데도 그들은 "사업하는 사람은 빨간당(지금의 국민의힘)을 뽑아야 혀! 파란당(지금의 더불어 민주당)은 너무 깨끗허니까!"라며 당당하게 그냥 헛소리가 아닌 진짜 헛소리를 하고들 있으니 전라도 사람을 비난하지 않을 수가 없다. 잘못한 것에 대한 비판은 하나 없고 무조건적인 지지가 현 정부와 같은 친북 친중 정권을 탄생시켰으며 거의 망해가던 북한을 핵보유국으로 만드는데 결정적으로 기여한 일등공신인 김대중 정권을 탄생시킨 그들이 아닌가?

게다가 아직도 그곳에서는 DJ를 거의 신격화하고 신봉하고 있다. 이게 자유민주주의 사회에 살고 있는 사람들의 정상적인 사고방식인가? 도대체 왜! 그 지방 사람들은 대한민국 국민이길 거부하는 것 같은 언행을 하는가 말이다. 제발 지역을 생각하기 이전에 국가를 먼저 생각하자! 나라가 바로 서야 지역도 살 수 있는 것이다. 우리나라가 공산화가 되면 전라도 사람들도 없다는 것을 명심해야 한다. 이제부터는 이 나라가 자유민주주의를 수호하고 국민들을 위해 일을 잘할 사람을 뽑자.

경상도? 당신들도 마찬가지야! 경북 상주 사드기지 앞에서 기지 내 주둔하고 있는 군병력들의 생필품까지 반입을 못하게 하는 머리에 북쪽생각만 가득 차있는 빨갱이들이 외부세력이라고? 그럼 당신들은 뭐하느라 구경만하고 있나!

대한민국이 있어야 당신들도 있는 것이야! 제발 정신 좀 차리고 살자. 자유 대한민국을 지키는데 앞장서지는 못할망정 이 나라가 망국의 길을 걷는데 일조하지 말아야 한다. 자유 대한민국이 사라지면 우리 국민도 사라지고 전라도나 경상도 모두 사라진다는 것을 명심하고 생각하고 판단하고 행동하자!

아! 전라도여!

대한 (우) 민국(大韓 (愚) 民國) 만세

　요즘 사회가 돌아가는 모습을 보면 개탄스럽기가 이루 말로 표현할 수가 없다. 정부의 계속되는 정책실패와 국제사회의 기류와 정반대로 점점 더 개인의 자유를 억압하며 소상공인들을 벼랑 끝으로 몰고 가고 있는 우한폐렴 방역, 그런데도 문 정권의 지지율이 40%를 넘어섰다는 언론을 볼 때마다 공산당인가?라는 생각이 든다. 우리 국민들은 왜 그럴까? 국민들이 우매한 우민(愚民)이어서? '주제파악'에서 우리나라 국민들이 뛰어나지 않다고 이야기 했지만 필자의 주장과 다르게 다들 똑똑해서 그런 것인가? 이 수치를 보면 최소한 우리나라 국민 40% 정도는 아주 아주 똑똑한 것 같다.

　해방 당시 공산주의에 빠져서 활동하다가 결국은 월북했던 많은 사람들이 당대 최고의 지성인들이 많았다고 한다. 그렇기에 현정부를 지지하는 국민들 40%정도는 똑똑한 지성인인 것은 인정하자. 똑똑한 것과 상식적인 적은 다르다.

해방 당시 지식인들이 서적을 통해 공산주의 사상에 심취해 월북을 했다 지금의 우리 똑똑한 국민들은 빨갱이들에게 선전선동을 당해 거의 종교수준으로 그들은 신봉하고 있기에 지금의 문정부에 말도 안 되는 지지를 보내고 있지 않는가? 아니면 그런 지지율의 이유를 찾을 수가 없다. 우리 국민들은 자신의 지식만 믿고 판단하지 말고 상식으로 판단하고 행동했으면 바란다.

그래도 이해가 부족한 지식인들을 위해 몇가지 예를 들어 보겠다. 하나, 2021년 8월 청주에서 암약하였던 4명의 간첩들의 사례이다.

4명 중 3명은 구속되었고 1명은 불구속 수사를 받고 있다. 그들은 북괴에게서 공작금과 지령을 받아서 활동을 한 협의로 구속이 되었다. 이들의 주장은 F35스텔스 전투기가 도입된다면 한반도 긴장완화에 방해가 된다며 반대했으며, 이에 문정부에서는 오비이락(烏飛梨落)일까? 아니면 같은 편이어서 그런가?

결국 재난지원금을 핑계로 국방예산 스텔스기 도입예산을 포함하여 5,600억 원 가량을 줄였다. 상식적으로 우리나라에 스텔스 전투기 도입이 무산될 경우 누가 가장 이득을 보는가?

또 누가 가장 손해를 보는가? 이건 산수이다. 산수는 상식이다. 산수만 할 수 있으면 누구나 답을 할 수 있는 문제이다.

둘, 주한미군이 철수한다면 누가 가장 득을 보는가? 또 가장 손해를 보는 집단은 누구인가? 이 문제도 마찬가지이다.

셋, 국가보안법을 예를 들어 보자 대부분의 사람들은 국가보안법으로 인하여 불편함을 전혀 느끼지 못하며 살아가고 있다. 오히려 도로교통법 때문에 범칙금, 벌점 등 이런 제재들 때문에 훨씬 불편해하며 살고 있다. 그럼 국가보안법을 철폐한다면 누가 가장 이득을 보는가? 또 누가 가장 손해를 보겠는가? 이 문제도 산수이다. 복잡하다면 본인들의 얄팍한 지식을 바탕으로 끄덕이며 선동질 당해서 행동하지 말고 상식적으로 생각하고 행동하자. 물건 살 때 더하기 빼기는 잘하면서 이런 산수는 왜 못할까?

현재 문정권은 포기했으니 관두더라도 정치인이나 지식인들 그리고 민주노총과 같은 단체들 중에 아직까지도 주한미군 철수, 한미연합훈련 중지, 우리 나라 에너지 안보의 중심 역할을 감당하는 원전 폐쇄 등을 외치는 빨갱이들이 있다.
주한미군이 철수한다면 누가 이득을 보고 누가 손해를 볼 것인가? 종전을 선언하고 미군이 철수한다면 북괴와 그 추종세력들이 아무런 제재없이 나와 자유 대한민국 체제를 전복시키기 위해 활동을 하더라도 더 이상 미국이 개입할 수 없다.

앞서 언급했듯이 이미 많은 빨갱이들이 사회 곳곳에 침투해서 활동하고 있다. 우리민족끼리를 외치며 미국이 개입하려 하면 내정간

섭 등으로 차단을 할 것이 분명하다.

결과는 김정은과 그 추종자들에게는 이득이 될 것이고 자유민주주의를 사랑하는 애먼 우리국민들을 포함한 자유진영만 손해를 볼 것이다. 2021년 미국이 아프카니스탄을 철수하자마자 불과 3개월만에 탈레반이 정권을 잡고 미국에 동조했던 세력들을 피로 숙청했듯이 우리나라도 그렇게 될 것이다.

정치인들 중에 한미연합훈련 중지, 축소 등 이런 주장을 아직까지도 하고 있는 인간이길 포기한 것들이 있다. 정신차리고 정계에는 더 이상 발을 들여놓지 못하게 해야 한다. 그래야 우리 자유 대한민국을 지킬 수 있을 것이다.

사전적으로 지식(智識)이 없는 것을 무식(無識)이라고 한다. 하지만 필자가 보기에는 지금 이 시기에도 문정부를 지지하는 40%에 가까운 우리 국민들이 지식은 있지만 상식이 없는 무식한 사람이라고 생각한다. 우리 전 국민들이 지식은 조금 부족하더라도 상식이 먼저 갖춰지는 그런 대한 우(愚)민국이 되는 날이 하루라도 빨리 왔으면 좋겠다.

대한 우(愚) 민국 만세!

도루묵

    '말짱 도루묵'이라는 말에는 선조 임금과 관련된 이야기로 전해진다. 임진왜란 때 왕이 피난을 가다 '묵'이라는 생선을 먹어 보고는 맛이 좋다며 '은어'라는 이름을 지어 주었다고 한다. 그런데 전쟁이 끝나고 궁궐에 돌아온 뒤에 다시 먹어 봤더니 맛이 너무 없어서 "도로 묵이라고 해라."고 하는 이야기가 전해지고 있다.

    필자가 마지막 근무지인 경기북부시설단 재산관리과장으로 근무할 당시였다. 나는 철원, 연천, 포천, 가평, 의정부, 양주 등지에 있는 국방부 소유의 부동산을 관리하고 있었기에 지방자치단체의 담당자들과 단체장들을 많이 만날 수 있었다. 만날 때마다 느끼는 것은 자치단체장들이 지역 군부대장(사단장, 군단장)들과 협의를 통해 미활용 군용지에 자치단체의 예산을 투입해 여러 가지 사업을 계획하고 추진하려는 일들이 많았다.

특히 2021년도 승진군단장과 철원군수 때문에 철원군 직원들과 군단 실무자들이 많이 힘들어 했었다. 분명한 것은 지방자치단체는 기부대 양여(비슷한 가치가 있는 재산의 교환)로 교환이나 정부로부터 공익사업인정고시를 받은 후 1년 안에 국방부 토지를 정상가격(감정평가가격)으로 매수를 하는 경우에나 매수전 기간인 1년 동안 무상으로 국방부 토지를 사용할 수 있다. 하지만 자치단체장들과 지휘관들은 지역민들과 군의 갈등해소 등을 이유로 국유재산을 무상으로 사용하려 하는 경우가 많았다. 이는 명백한 범법행위이다.

본인들이야 지시하고 추진하고 나중에 진급에서 떨어지든지 군복을 벗고 나가면 그만이지만 특히 지방자치단체의 직원들의 경우 국가나 지방 자치단체 등의 예산이 투입되어야 하기에 훗날 문제가 되어 징계를 받는 경우가 많다. 인사권자가 지시한 것을 따르지 않으면 인사적으로 불이익을 받게되고 수명한다면 훗날 처분을 받고 연금이나 퇴직금 등 금전적인 손해는 당연지사이고 해임까지도 일어날 수 있다. 한마디로 진퇴양난이다.

부대도 마찬가지이다. 부하들은 지휘관이 지시를 했으니 해야 하기에 필자에게 많은 문의를 하였겠지만 법적으로 불가능하다는 답변만 해줄 수 있을 뿐 다른 방법이 없었다. 한 번은 참다 참다가 철원군수를 찾아갔다. "제발 승진 군단장과 일 좀 벌이지 마시라."고 말했다. 그랬더니 "지금까지 본 군단장 중에 가장 훌륭한 군단장"이라고 한마디 하길래 "군단장이나 군수님 정도 되시면 정계나 행정부에 아시는 분들도 많으실텐데 안 되는 것을 시켜 실무자들에게만 지시해서 그들이 힘들어 하게끔 하시는게 아니라 법이 잘못되었다면 더 높은 분들을 만나셔서 법을 개정하는데 노력해 주셔야 하지 않겠습니까? 그래서 저는 군단장이 아주 훌륭하다고 생각하지는 않습니다." 라고 이야기한 적이 있었다. 본인들이야 주민들과 국민들에게 인기 얻어 재선되고 좋은 평으로 한 계급 더 승진하면 그만이지만 결국에는 남아있는 실무자들이 책임지고 처분을 받아야 하는데, 정말 한심하다는 생각이 들었다.

필자는 지금도 우리나라가 지방자치단체가 과연 있어야 하는지 의문이다. 특별시나 광역시 등 일부 특수한 곳을 제외하고는 대부분 그 지역에 연고가 있는 사람들이 지방자치단체장에 도전한다. 그리고 선출이 되면 특별한 사유가 없는 한 임기를 마치고 다음 선거에 출마를 하든지 아니면 국회의원 등 다른 정치활동을 하려 한다.

그러니 선심성 포퓰리즘 공약이 남발하고 당선이 되면 재임기간 동안 무언가 업적을 남기기 위해 지역주민들에게 사용해야 할 예산을 엉뚱한 곳에 사용해서 중앙정부에 부담만 가중시킨다.(예를 들자면 지역축제나 지자체별 행사)

아마 재정자립도를 높이기 위해 노력하는 지방자치단체장은 이런 행사 같은 것은 꿈도 꿀 생각도 못 할 것이다. 대부분 정당소속이다 보니 총선이나 대선에 영향을 미치는 짓거리들이나 하고 있다. 코로나 관련 지자체의 행실을 보면 얼마나 생각 없이 정부의 정책을 따랐는지 알 수 있다.

임기말에는 선거운동을 하기 위해 지자체 행정은 뒤로 하고, 그 지역 출신이 대부분이다보니 지역 토착세력들과 결탁해 저지르는 각종 비리 등 이런 이유로 없어져야 한다는 것이다. 예전처럼 행정고시 출신이나 행정직 공무원들을 승진시켜 군수나 시장, 도지사 등에 임명시켜야 한다고 생각한다. 그래야 공무원들도 꿈을 갖고 신바람 나서 일할 것이 아닌가!

지방의회도 마찬가지이다. 감사원 등 감시를 할 수 있는 제도를 마련하면 되지 않을까? 가뜩이나 작은나라에서 재정자립도가 낮음에도 불구하고 굳이 이런 지방자치단체 제도를 계속 유지하고 있으니 시민과 군민들을 위하려는 자들 보다는 어찌 한 번 공천을 받아 정계에 입문해 보려는 자, 당선 후 소속정당에서 추진하는 일들에 대해 무조건적으로 따르기만 하는 자, 공천과 선거에 들어간 비용을 회수하여 본인들 배만 불릴 생각만 하고 있는 자들이 없어지지 않고 계속 생겨나는 것이 아니겠는가!

앞서 언급한대로 이런 지역 토호세력들이 지방자치단체장이나 지방의회 의원들로 진출하는 사례가 상당하다는 합리적인 의심을 해보게 된다.

에라 도루묵이다!.

이보게 저승사자 손잡고 어여 마실이나 가시게나

머리말에서 언급하였듯이 지금 자유 대한민국의 상황은 월남 패망 직전의 사회분위기와 비슷하다. 당시 월남에서는 월맹의 사주를 받은 공산당원과 인민혁명당원 등이 시민단체, 종교단체를 장악하여 미군철수 주장과 함께 폭력시위를 배후 조종하는 등 사회혼란 조성에 적극 앞장섰으며 정치인들과 종교인들도 민족감정을 부추기고 반미의식을 조장했다. 대통령 비서실장과 법무장관, 민정수석비서관 등이 간첩으로 활동하며 극비 내용을 월맹정부에 보고하기도 했고 심지어 전투기 조종사인 쿠엔타인충 공군 대위는 대통령궁을 폭격한 후 월맹군에게 비행기를 몰고가 항복하는 일까지도 일어났다.

이렇게 설명해 주어도 이해 못하는 사람들이 조금은 있는 것 같아 그들을 빨리 이해시켜 하루빨리 정신을 차리게 하고싶은 마음으로 자유 월남에 사용했던 월맹의 통일전선 전술과 현재 대한민국의 상황을 표로 친절하게 비교해 보겠다.

월남과
대한민국
비교

1단계:공산당원 육성 및 침투, 현지인 포섭

자유 월남	· 약 6,000여 명의 정예 공산당원들이 침투해서 활동 · 월맹의 사주를 받은 공산당원과 인면혁명당원 5만 명이 암약
대한 민국	· 남한내 고정간첩 5만 명이 암약하고 있으며, 특히 권력핵심부에 도 침투해 있다(1997년 황장엽 前노동당비서 망명 당시 서신 中). · 남파된 간첩 5만 명 + 종북세력 = 어마어만 명

2단계 : 사회혼란 조성 및 내부분열 조장

자유 월남	· 민족주의, 평화주의, 인도주의를 외치며 티우(당시 월남대통령) 정 권타도, 부패 지도층 척결, 미국대사관 공격 등 각종 폭력시위 등 사회혼란을 조성하였고 미군을 철수시킴. · 쭝딘쥬 등 간첩 정치인들은 "외세(미국)마저 끌어들여 같은 민족 끼리 전쟁을 하고 있다" 등 민족주의, 평화주의, 자유민주주의라 고 국민을 속이며 지지를 얻음. · 종교계 유명인사들, 교수, 학생들이 모여 구국평화운동을 전개 하였으며, 반정부, 반체제 시위를 벌여 체제 안정을 지속적으로 뒤흔듦.

대한 민국	· 대통령의 군추모행사(6·25행사, 서해 수호의 날) 불참과 사회양극화 · 민족주의(남과 북은 단일민족), 평화통일, 인도주의(대북지원) 팽배 　사회혼란과 분열, 갈등을 조장 · 정치인들의 적폐청산, 친일청산 등 주장, 자유라는 단어를 없앤 　민주주의로 헌법 개정 시도, 북한군 묘역참배 행사 참석, 남북경 　제협력, 대북지원 주장 등 · 정부정책을 반대 미군철수를 주장하는 각종 집회가 만연 　:박근혜 대통령탄핵 촛불집회, 사드배치 반대, 5·18망언자 처벌, 　세월호 참사 진상규명, 평화와 통일, 국가보안법 폐지, 주한미군 　철수, 제주강정마을 해군기지건설 반대집회 등 · 종교인, 교수, 교사, 학생들의 시국선언. · 마크 리퍼트 주한미국대사 피습(2015년), 주한미국대사관 협박 　(수시) · 페미니스트(워마드, 메갈 등)를 정부가 무조건 보호해 주는 등 남 　녀간 갈등 유발

3단계 : 주적개념, 경계심, 안보불감증 유도

자유 월남	·파리 평화협정 체결 :티우 대통령 생각(당시 주월공사 이대용 예비역 장군의 증언) 월맹은 전쟁할 능력이 없다. 가난해서 밥도 먹지 못해 전쟁을 일으 킬 능력이 없다. 미국이 40억 달러를 원조하기로 했는데 평화협정 을 깰 수 없을 것이다. 월맹과 경제 격차를 벌여 놓으면 끝내 적이 되지 못한다 등의 주장에 대통령부터 월맹을 믿었음.

대한 민국	· 남북정상회담을 통한 평화분위기 조성 * 전문내용은 주로 민족, 평화, 인도주의 등을 강조하는 등 월맹 　의 수법과 동일 · 문정권의 종전선언 추진과 남북·미북 정상회담 추진 등의 평화 쇼로 국민들을 기만하여 북괴를 믿도록 하고있음

4단계 : 적화통일

자유 월남	· 1975년 패망
대한 민국	· 앗! 이 불길한 예감은 뭐지?

　　월맹 공산당은 월남의 좌익 '통일운동가'들에게 적화통일 후 "자유
주의 체제하에서 반체제 운동을 벌이고 기득권을 저주하는 너희들은
사회주의에서도 틀림없이 반체제 작당을 벌일 것이다. 우리에게 적
극 협조한 인간일수록 철저히 죽여야 하는 이유가 여기에 있다."며
제일 먼저 '인간개조 학습소'에 수감시켜 죽였다. 월남의 군인과 경
찰들은 강제노동수용소에서 비록 목숨이라도 부지할 수 있었지만 반

체제 종교인, 교수, 학생, 민주화 운동가들은 월남 패망 직후 대부분 처형되었다. 이것이 바로 공산주의자들이다. 우리도 공산화가 되면 인간개조 학습소에 들어갈 사람들이 넘칠 것 같다. 전국적으로 분원을 만들어야 할 정도가 되지 않을까.

소름 돋을 일이 아닌가! 어쩜 그들의 상황과 지금 우리나라의 상황이 이렇게 비슷할 수 있단 말인가! 지금 우리나라 대통령을 포함하여 정치인, 교수, 종교인 등 사회 지도층이 우리의 현실과 월남이 패망 직전의 사회상황과 거의 일치하고 있다는 것을 못 느끼는 것인지 아니면 북한의 지령을 받아 자유 대한민국을 적화통일 시키기 위해 애쓰고 있는 간첩인지 구분이 되질 않는다.

축하드립니다. 빨갱이들의 선전 선동과 당신들의 지지에 힘입어 우리 자유 대한민국의 공산화가 바로 코앞에 다가온 것 같습니다. 그리고 고맙습니다. 당신들이 계셨기에 공산화 되어도 군인 출신인 필자는 목숨을 구할 수는 있을 것 같습니다. 도대체 머릿속에 무엇이 들어있기에 아직도 월맹과 북한을 다르게 볼 수 있지? 북한은 월맹보다 더하면 더했지 덜하지 않을 것을 꼭 직접 경험해 봐야 알 수 있나? 그렇지만 어쩌나, 직접 경험이 준비될 그 땐 당신들은 저승사자와 숨바꼭질 하고 있을 텐데.

이보게 종북 좌파·친중 세력들아! 지금 당장 저승사자 손잡고 어여 마실이나 가시게나!

끝으로 국민이 국민에게 고합니다. 지금의 이런 상황을 만든 것은 그들을 선출시킨 국민들에게 제일 큰 책임이 있습니다. 자유 대한민국을 수호하기 위하여 이적행위를 하는 이런 인간들을 우리나라에서 영원히 추방합시다.

이제부터라도 정신 바짝 차립시다.

문재인 1차 남북정상회담(판문점 선언) 결과 발표문 전문
(2018년 4월 27일 평화의 집)

대한민국 문재인 대통령과 조선민주주의인민공화국 김정은 국무위원장은 평화와 번영, 통일을 염원하는 온 겨레의 한결같은 지향을 담아 한반도에서 역사적인 전환이 일어나고 있는 뜻 깊은 시기에 2018년 4월 27일 판문점 「평화의 집」에서 남북정상회담을 진행하였다.

양 정상은 한반도에 더 이상 전쟁은 없을 것이며 새로운 평화의 시대가 열리었음을 8천만 우리 겨레와 전 세계에 엄숙히 천명하였다.

양 정상은 냉전의 산물인 오랜 분단과 대결을 하루 빨리 종식시키고 민족적 화해와 평화번영의 새로운 시대를 과감하게 열어나가며 남북관계를 보다 적극적으로 개선하고 발전시켜 나가야 한다는 확고한 의지를 담아 역사의 땅 판문점에서 다음과 같이 선언하였다.

1. 남과 북은 남북관계의 전면적이며 획기적인 개선과 발전을 이룩함으로써 끊어진 민족의 혈맥을 잇고 공동번영과 자주통일의 미래를 앞당겨 나갈 것이다.

   남북관계를 개선하고 발전시키는 것은 온 겨레의 한결같은 소망이며 더 이상 미룰 수 없는 시대의 절박한 요구이다.

① 남과 북은 우리 민족의 운명은 우리 스스로 결정한다는 민족자주의 원칙을 확인하였으며 이미 채택된 남북 선언들과 모든 합의들을 철저히 이행함으로써 관계개선과 발전의 전환적 국면을 열어나가기로 하였다.

② 남과 북은 고위급회담을 비롯한 각 분야의 대화와 협상을 빠른 시일안에 개최하여 정상회담에서 합의된 문제들을 실천하기 위한 적극적인 대책을 세워나가기로 하였다.

③ 남과 북은 당국간 협의를 긴밀히 하고 민간교류와 협력을 원만히 보장하기 위하여 쌍방 당국자가 상주하는 남북공동연락사무소를 개성지역에 설치하기로 하였다.

④ 남과 북은 민족적 화해와 단합의 분위기를 고조시켜 나가기 위하여 각계각층의 다방면적인 협력과 교류, 왕래와 접촉을 활성화하기로 하였다.

안으로는 6·15를 비롯하여 남과 북에 다같이 의의가 있는 날들을 계기로 당국과 국회, 정당, 지방자치단체, 민간단체 등 각계각층이 참가하는 민족공동행사를 적극 추진하여 화해와 협력의 분위기를 고조시키며, 밖으로는 2018년 아시아경기대회를 비롯한 국제경기들에 공동으로 진출하여 민족의 슬기와 재능, 단합된 모습을 전 세계에 과시하기로 하였다.

⑤ 남과 북은 민족 분단으로 발생된 인도적 문제를 시급히 해결하기 위하여 노력하며, 남북적십자회담을 개최하여 이산가족·친척 상봉을 비롯한 제반 문제들을 협의 해결해나가기로 하였다.

당면하여 오는 8·15를 계기로 이산가족·친척 상봉을 진행하기로 하였다.

⑥ 남과 북은 민족경제의 균형적 발전과 공동번영을 이룩하기 위하여 10·4 선언에서 합의된 사업들을 적극 추진해나가며, 1차적으로 동해선 및 경의선 철도와 도로들을 연결하고 현대화하여 활용하기 위한 실천적 대책들을 취해 나가기로 하였다.

2. 남과 북은 한반도에서 첨예한 군사적 긴장상태를 완화하고 전쟁 위험을 실질적으로 해소하기 위하여 공동으로 노력해 나갈 것이다.

한반도의 군사적 긴장상태를 완화하고 전쟁위험을 해소하는 것은 민족의 운명과 관련되는 매우 중대한 문제이며 우리 겨레의 평화롭고 안정된 삶을 보장하기 위한 관건적인 문제이다.

① 남과 북은 지상과 해상, 공중을 비롯한 모든 공간에서 군사적 긴장과 충돌의 근원으로 되는 상대방에 대한 일체의 적대행위를 전면 중지하기로 하였다.

당면하여 5월 1일부터 군사분계선 일대에서 확성기 방송과 전단 살포를 비롯한 모든 적대행위들을 중지하고 그 수단을 철폐하며, 앞으로 비무장지대를 실질적인 평화지대로 만들어 나가기로 하였다.

② 남과 북은 서해 북방한계선 일대를 평화수역으로 만들어 우발적인 군사적 충돌을 방지하고 안전한 어로활동을 보장하기 위한 실제적인 대책을 세워나가기로 하였다.

③ 남과 북은 상호 협력과 교류, 왕래와 접촉이 활성화되는 데 따른 여러 가지 군사적 보장대책을 취하기로 하였다.

남과 북은 쌍방 사이에 제기되는 군사적 문제를 지체없이 협의 해결하기 위하여 국방부장관회담을 비롯한 군사당국자회담을 자주 개최하며 5월 중에 먼저 장성급 군사회담을 열기로 하였다

3. 남과 북은 한반도의 항구적이며 공고한 평화체제 구축을 위하여 적극 협력해 나갈 것이다.

한반도에서 비정상적인 현재의 정전상태를 종식시키고 확고한 평화체제를 수립하는 것은 더 이상 미룰 수 없는 역사적 과제이다.

① 남과 북은 그 어떤 형태의 무력도 서로 사용하지 않은 데 대한 불가침 합의를 재확인하고 엄격히 준수해 나가기로 하였다.
② 남과 북은 군사적 긴장이 해소되고 서로의 군사적 신뢰가 실질적으로 구축되는 데 따라 단계적으로 군축을 실현해 나가기로 하였다.
③ 남과 북은 정전협정체결 65년이 되는 올해에 종전을 선언하고 정전협정을 평화협정으로 전환하며 항구적이고 공고한 평화체제 구축을 위한 남·북·미 3자 또는 남·북·미·중 4자회담 개최를 적극 추진해 나가기로 하였다.
④ 남과 북은 완전한 비핵화를 통해 핵 없는 한반도를 실현한다는 공동의 목표를 확인하였다.

남과 북은 북측이 취하고 있는 주동적인 조치들이 한반도 비핵화를 위해 대단히 의의 있고 중대한 조치라는데 인식을 같이하고 앞으로 각기 자기의 책임과 역할을 다하기로 하였다.

남과 북은 한반도 비핵화를 위한 국제사회의 지지와 협력을 위해 적극 노력해나가기로 하였다.

양 정상은 정기적인 회담과 직통전화를 통하여 민족의 중대사를 수시로 진지하게 논의하고 신뢰를 굳건히 하며, 남북관계의 지속적인 발전과 한반도의 평화와 번영, 통일을 향한 좋은 흐름을 더욱 확대해 나가기 위하여 함께 노력하기로 하였다.

당면하여 문재인 대통령은 올해 가을 평양을 방문하기로 하였다.

문재인 2차 남북정상회담 결과 발표문 전문
(2018년 5월 27일 통일각)

존경하는 국민 여러분!

저는 어제 오후, 판문점 북측지역 통일각에서 김정은 국무위원장과 두 번째 남북정상회담을 가졌습니다.

지난 4월 27일 판문점 평화의 집에서 첫 회담을 한 후, 꼭 한 달만입니다. 이 회담에서 우리 두 정상은 필요하다면 언제 어디서든 격식 없이 만나 서로 머리를 맞대고 민족의 중대사를 논의하자고 약속한 바 있습니다.

김 위원장은 그제 오후, 일체의 형식 없이 만나고 싶다는 뜻을 전해왔고, 저는 흔쾌히 수락하였습니다.

오랫동안 저는 남북의 대립과 갈등을 극복하기 위한 방법으로 정상 간의 정례적인 만남과 직접 소통을 강조해왔고, 그 뜻은 4·27 판문점 선언에 고스란히 담겨 있습니다.

그런 의미에서 저는 지난 4월의 역사적인 판문점회담 못지않게, 친구 간의 평범한 일상처럼 이루어진 이번 회담에 매우 큰 의미를 부여하고 싶습니다. 남북은 이렇게 만나야 한다는 것이 제 생각입니다.

국민 여러분!

우리 두 정상은 북미 정상회담을 앞두고, 허심탄회한 대화를 나눴습니다. 저는 지난주에 있었던 트럼프 미국 대통령과의 정상회담 결과를 설명하면서, 트럼프 대통령은 김 위원장이 완전한 비핵화를 결단하고 실천할 경우, 북한과의 적대관계 종식과 경제협력에 대한 확고한 의지가 있다는 점을 전달하였습니다.

특히 김 위원장과 트럼프 대통령 모두 북미 정상회담의 성공을 진심으로 바라고 있는 만큼 양측이 직접적인 소통을 통해 오해를 불식시키고, 정상회담에서 합의해야할 의제에 대해 실무협상을 통해 충분한 사전 대화가 필요하다는 점을 강조했습니다. 김 위원장도 이에 동의하였습니다.

김정은 위원장은 판문점 선언에 이어 다시 한 번 한반도의 완전한 비핵화 의지를 분명히 했으며, 북미 정상회담의 성공을 통해 전쟁과 대립의 역사를 청산하고 평화와 번영을 위해 협력하겠다는 의사를 피력하였습니다.

우리 두 정상은 6·12 북미정상회담이 성공적으로 이뤄져야 하며, 한반도의 비핵화와 항구적인 평화체제를 위한 우리의 여정은 결코 중단될 수 없다는 점을 확인하고, 이를 위해 긴밀히 상호협력하기로 하였습니다.

또한 우리는 4·27 판문점선언의 조속한 이행을 재확인했습니다. 이를 위해 남북 고위급 회담을 오는 6월 1일 개최하고, 군사적 긴장완화를 위한 군사당국자 회담과 이산가족 상봉을 위한 적십자 회담을 연이어 갖기로 합의하였습니다.

양 정상은 이번 회담이 필요에 따라 신속하고 격식 없이 개최된 것에 큰 의미가 있다고 평가하고, 앞으로도 필요한 경우 언제든지 서로 통신하거나 만나, 격의없이 소통하기로 하였습니다.

평창 올림픽을 평화 올림픽으로 만들었고, 긴장과 대립의 상징이었던 판문점에 평화와 번영의 새로운 길을 내고 있습니다.

북한은 스스로 핵실험과 미사일 발사를 중단하고, 풍계리 핵실험장을 폐기하는 결단을 보여주었습니다.

이제 시작이지만, 그 시작은 과거에 있었던 또 하나의 시작이 아니라, 완전히 새로운 시작이 될 것입니다.

산의 정상이 보일 때부터 한 걸음 한 걸음이 더욱 힘들어지듯이 한반도의 완전한 비핵화와 완전한 평화에 이르는 길이 결코 순탄하지 않을 것입니다.

그러나 저는 대통령으로서 국민이 제게 부여한 모든 권한과 의무를 다해 그 길을 갈 것이고, 반드시 성공할 것입니다.

국민 여러분께서도 함께 해주시기 바랍니다. 감사합니다.

문재인 3차 남북정상회담 전문(2018년 9월 18일 평양)

1. 남과 북은 비무장지대를 비롯한 대치지역에서의 군사적 적대관
   계 종식을 한반도 전 지역에서의 실질적인 전쟁위험 제거와 근
   본적인 적대관계 해소로 이어나가기로 하였다.
① 남과 북은 이번 평양정상회담을 계기로 체결한 「판문점선언 군
   사분야 이행합의서」를 평양공동선언의 부속합의서로 채택하고
   이를 철저히 준수하고 성실히 이행하며, 한반도를 항구적인 평화
   지대로 만들기 위한 실천적 조치들을 적극 취해나가기로 하였다.
② 남과 북은 남북군사공동위원회를 조속히 가동하여 군사분야 합
   의서의 이행실태를 점검하고 우발적 무력충돌 방지를 위한 상시
   적 소통과 긴밀한 협의를 진행하기로 하였다.
2. 남과 북은 상호호혜와 공리공영의 바탕위에서 교류와 협력을 더
   욱 증대시키고, 민족경제를 균형적으로 발전시키기 위한 실질적
   인 대책들을 강구해나가기로 하였다.
① 남과 북은 금년내 동, 서해선 철도 및 도로 연결을 위한 착공식
   을 갖기로 하였다.
② 남과 북은 조건이 마련되는 데 따라 개성공단과 금강산관광 사
   업을 우선 정상화하고, 서해경제공동특구 및 동해관광공동특구
   를 조성하는 문제를 협의해나가기로 하였다.
③ 남과 북은 자연생태계의 보호 및 복원을 위한 남북 환경협력을

적극 추진하기로 하였으며, 우선적으로 현재 진행 중인 산림분야 협력의 실천적 성과를 위해 노력하기로 하였다.

④ 남과 북은 전염성 질병의 유입 및 확산 방지를 위한 긴급조치를 비롯한 방역 및 보건·의료 분야의 협력을 강화하기로 하였다.

3. 남과 북은 이산가족 문제를 근본적으로 해결하기 위한 인도적 협력을 더욱 강화해나가기로 하였다.

① 남과 북은 금강산 지역의 이산가족 상설면회소를 빠른 시일내 개소하기로 하였으며, 이를 위해 면회소 시설을 조속히 복구하기로 하였다.

② 남과 북은 적십자 회담을 통해 이산가족의 화상상봉과 영상편지 교환 문제를 우선적으로 해결해나가기로 하였다.

4. 남과 북은 화해와 단합의 분위기를 고조시키고 우리 민족의 기개를 내외에 과시하기 위해 다양한 분야의 협력과 교류를 적극 추진하기로 하였다.

① 남과 북은 문화 및 예술분야의 교류를 더욱 증진시켜 나가기로 하였으며, 우선적으로 10월 중에 평양예술단의 서울공연을 진행하기로 하였다.

② 남과 북은 2020년 하계올림픽경기대회를 비롯한 국제경기들에 공동으로 적극 진출하며, 2032년 하계올림픽의 남북공동개최를 유치하는 데 협력하기로 하였다.

③ 남과 북은 10·4 선언 11주년을 뜻깊게 기념하기 위한 행사들을 의의있게 개최하며, 3·1운동 100주년을 남북이 공동으로 기념하기로 하고, 그를 위한 실무적인 방안을 협의해 나가기로 하였다.

5. 남과 북은 한반도를 핵무기와 핵위협이 없는 평화의 터전으로 만들어나가야 하며 이를 위해 필요한 실질적인 진전을 조속히 이루어나가야 한다는 데 인식을 같이 하였다.

① 북측은 동창리 엔진시험장과 미사일 발사대를 유관국 전문가들의 참관 하에 우선 영구적으로 폐기하기로 하였다.

② 북측은 미국이 6.·12 북미공동성명의 정신에 따라 상응조치를 취하면 영변 핵시설의 영구적 폐기와 같은 추가적인 조치를 계속 취해나갈 용의가 있음을 표명하였다.

③ 남과 북은 한반도의 완전한 비핵화를 추진해나가는 과정에서 함께 긴밀히 협력해나가기로 하였다.

6. 김정은 국무위원장은 문재인 대통령의 초청에 따라 가까운 시일 내로 서울을 방문하기로 하였다.

국민이
국민에게 말한다

역적 -당신도 모르는 사이에

지은이 | 조장희
만든이 | 하경숙
만든곳 | 글마당
책임 편집디자인 | 정다희

(등록 제2008-000048호)

만든 날 | 2022년 1월 20일
펴낸 날 | 2022년 1월 25일

주소 | 서울시 송파구 송파대로 28길 32
전화 | 02. 451. 1227
팩스 | 02. 6280. 9003
홈페이지 | www.gulmadang.com
이메일 | vincent@gulmadang.com

ISBN 979-11-90244-29-9(03300)　　값 15,000원